四部要籍選刊 · 經部 蔣鵬翔 主編

阮刻春秋穀梁傳注疏 二

〔清〕阮元 校刻

浙江大學出版社

卷第十一

卷第十二

卷第十三

監本春秋穀梁注疏僖公卷第七 起元年盡五年

僖公 。名申惠王十八年即位 (疏) 魯世家僖公名申莊公之子閔公庶兄以惠王十八年即位謚法小心畏忌曰僖

范甯集解　楊士勛疏

元年春王正月繼弒君不言即位正也 。弒音試後皆同

〇齊師宋師曹師次于聶北救邢 。聶北邢地聶女輒反

救不言次 據莊六年王人子突救衛不言次 (疏) 傳救不言次。釋曰王人子突救衛上有伐文今無見伐文而云救邢者莊三十二年狄伐邢邢國遂滅而齊救之錄其本意故經言救傳以次非救急之事故云非救也知邢國滅者公羊傳云不及事者何邢已亡矣孰亡之蓋狄滅之又經書城邢是國滅也滅而不書者公羊傳云曷爲不言狄滅之爲桓公諱也是爲齊桓諱故不言狄滅邢也然則滅衛諱而書入邢全不書之者二事不可全掩

故諱而書一也邢不書人故有救次之文衞亡書入故沒其救次耳言次非救也次止也救赴急之意今方停止故知非救也非救而曰救何也遂齊侯之意也錄其本意是齊侯與怪其稱師○與音餘齊侯也何用見其是齊侯也據經書齊師○見賢徧反下復見及注同曹無師曹師者曹伯也小國君將稱君卿將稱人不得稱師言師則是曹伯也曹君不可在師下故知是齊侯○君將子匠反下同

（疏）注小國至稱師○釋曰桓十三年傳云戰稱人敗稱師重衆是師者重辭周禮小國一軍軍將雖命卿小國之卿唯比大國之大夫名氏不見例當稱人故不得言師也是知言師者卽國君也然師是重辭所以楚滅蔡亦得稱師齊侯不足乎揚亦稱師者凡師者大國則得稱之不論貶有輕重春秋美惡不嫌同文貶雖文同輕重則自別

其不言曹伯何也以其不言齊侯不可言曹伯也其不言齊侯何也以其不足乎揚不言齊侯也

救不及事不足稱揚○以其不足乎揚絕句稱揚也○夏六月邢遷于夷儀辟狄難夷儀邢地○難乃旦反（疏）注夷儀邢地○釋曰以邢遷之故知邢地遷者猶得其國家以往者也其地邢復見也非若宋人遷宿滅不復見○復扶又反下注並同○齊師宋師曹師城邢是向之師也使之如改事然美齊侯之功也是向聶北之師當言遂今復列二國者美齊桓存亡國○是鄉許亮反本又作向注同（疏）傳向之師也○釋曰前言師者貶齊侯也若向之師便是彰桓之罪而云美其功者春秋文同義異者上下甚衆故齊侯前稱師以見貶書次以彰情今之城邢國滅而復存齊桓過而能改君子善之故重列二國所以美其功也○使之如改事然○釋云謂經不言遂重列三國之師若似更別來城不因前事故云改事然○○秋七月戊辰夫人姜氏薨于夷哀姜夫人薨不地地故也齊人以歸不言以喪歸非以

喪歸也加喪焉諱以夫人歸也泰曰齊人實以夫人歸殺之于夷諱故使若自行至夷遇疾而薨然後齊人以喪歸也歸在薨前而今在下是加喪之文也經不言以喪歸者以本非以喪歸也傳例曰以者不以者也微旨見矣○見賢徧反其以歸薨之也以歸然後殺之【疏】不言至之也○釋曰不言以喪歸謂承夫人薨于夷下不云齊人以喪歸也非以喪歸謂元本實不以喪歸故不得言之也加喪焉者謂齊人以夫人歸然後殺之今經書薨文在上是加喪之文也謂諱齊人以我夫人殺之故加喪文於上似若夫人行至夷遇疾而死然後齊人以其喪歸也其以歸薨之者謂其實以歸之然後始薨之實殺傳言薨之者傳以經文諱殺故順經爲文○注傳例至見矣○釋曰桓十四年傳文彼注云不以者謂本非所得制令得以之也范引之者證齊人不合以夫人見此微旨

○楚人伐鄭【疏】楚人伐鄭○釋曰不以州言之者以楚雖荆蠻漸自通於諸夏國轉彊大與中國抗衡故不復州舉之或以爲言楚所以駁鄭然則從此以後盡稱楚豈皆是駁鄭乎其說非也何休云稱楚人者爲僖公諱與夷狄交婚故進之使若中國也穀梁無交婚之事其言不可通于此也杜預

云荊始改號曰楚案莊十四年傳云荊者何州舉之也州不如國注云言荊不如言楚則亦與杜預異也〇八月公會齊侯宋公鄭伯曹伯邾人于檉檉宋地〇檉勑貞反一本作村音同〇九月公敗邾師于偃偃邾地〇敗必邁反下皆同偃于免反一本作堰同〔疏〕九月至于偃〇釋曰公所以敗邾師者此傳無說何休云公怨邾以夫人與齊故敗之未知范意然不不日疑戰也疑戰而曰敗勝內也〇冬十月壬午公子友帥師敗莒師于麗獲莒挐麗魯地傳例曰獲者不與之辭〇麗力他反挐女居反又女加反莒無大夫其曰莒挐何也據非大夫不書以吾獲之目之也內不言獲獲者不與之辭主善以內故不言獲此其言獲何也據文十一年叔孫得臣敗狄于鹹不言獲長狄〔疏〕注據文至長狄〇釋曰此傳云惡公子之紿彼傳諱重傷故不言獲獲者不與之辭內不言獲乃是常例至於長狄則異

於餘獲宜書之以表功而經文略之由重傷故也此注
據之以爲證者取不書獲之成文不言義旨全合也　惡
公子之紿 紿欺紿也。惡烏路反紿徒乃反 紿者奈何公子友謂
莒挐曰吾二人不相說士卒何罪屏左右而
相搏公子友處下左右曰孟勞孟勞者魯之
寶刀也公子友以殺之然則何以惡乎紿也
據得勝地。說音悅卒子忽反搏音博手搏也勞如字孟勞寶刀名 曰棄師之道也 江熙
曰經書敗莒師而傳云二人相搏則師不戰何以得敗理自
不通也夫王赫斯怒貴在爰整子所慎三戰居其一季友令
德之人豈當舍三軍之整佻身獨鬭潛刃相害以決勝負者
哉雖千載之事難明然風味之所期古猶今也此又事之不
然傳或失之。赫呼白反舍音捨佻他堯反又徒堯反〔疏〕注江熙至失之。釋曰老子云以政治國以奇用兵
季子知莒挐之可擒棄文王之整旅佻身獨鬭潛刃相爭据
禮雖乖於權未爽縱使理違猶須申傳況傳文不知江生何

以爲非乎又且季子無輕鬬之事經不應書獲傳不須云棄師之道旣經傳文符而江熙妄難范引其說意亦同之乃是范失非傳失之又經書獲所以惡季子之紿令江熙云季子令德也則是非獨不信傳亦是不信經○十有二月丁巳夫人氏之喪至自齊其不言姜以其殺二子貶之也二子子般閔公或曰爲齊桓諱殺同姓也。爲于爲反。〔疏〕爲齊至姓也。釋曰討夫人於齊桓非是姑姊即是妹姪而直云同姓者以夫人失母之道殺子外奔齊桓討之信得其罪旣疏而遠之託言同姓

二年春王正月城楚丘楚丘者何衛邑也國而曰城此邑也其曰城何也據元年齊師宋師曹師城邢邢國也封衛也閔二年狄入衛遂滅則其不言城衛何也衛未遷也其不言衛之遷焉何也據元年邢遷于夷儀言遷也不與齊侯

專封也其言城之者專辭也故非天子不得專封諸侯諸侯不得專封諸侯雖通其仁以義而不與也存衞是桓之仁故通令城楚丘義不可以專封故不言遷衞。令力呈反故曰仁不勝道仁謂存亡國道謂上下之禮

疏楚丘至勝道。釋曰楚丘何嫌非衞而傳言者以無遷衞之文故發之也傳知是衞者以詩云作于楚宮故知之也此云不言遷不與齊侯專封而元年城邢美齊侯之功者彼邢遷之後始城則城者脩舊之辭非始立之稱故可以美於齊桓今衞國已滅始城楚丘而國未遷經先言城後言遷則是齊桓城而遷之故不與專封也然城鄭虎牢是邑知楚丘非邑者詩稱楚宮明知非邑也

○夏五月辛巳葬我小君哀姜○虞師晉師滅夏陽非國而曰滅重夏陽也虞無師其曰師何也以其先晉不可以不言師也入不得居師上貴賤之序。○夏陽戶

雅反左氏下陽先蘇薦反下文及注同〔疏〕傳非國而曰滅○釋曰此云非國而曰滅重夏陽也昭十三年吳滅州來亦言滅者虞虢之滅由於夏陽之亡州來楚之大都而吳滅之令楚國稍弱入郢之兆由滅州來所致故並書滅○傳虞無師○釋曰小國無師傳三發之者並是小國不合言師燕爲敗而重衆故得言師曹言師者明其是君也虞言師者表其先晉也以其言師不同各舉備文耳

其先晉何也據小不先大爲主乎

滅夏陽也夏陽者虞虢之塞邑也其地險要故二國以爲塞邑○塞蘇代反注同滅夏陽而虞虢舉矣虞之爲主乎滅夏陽何也晉獻公欲伐虢荀息曰君何不以屈產之乘垂棘之璧而借道乎虞也荀息晉大夫屈邑產駿馬垂棘出良璧○屈其勿反又君勿反地名也乘繩證反駿音俊借子夜反及下不借而借皆同〔疏〕傳虞虢舉矣○釋曰徐邈云舉猶拔也言晉滅夏陽則虞虢自此而拔也

公曰此晉國之寶也

如受吾幣而不借吾道則如之何荀息曰此小國之所以事大國也（此謂璧馬之屬）〔疏〕傳晉國之寶○釋曰玉有美惡出處不同周有藍田楚有和氏宋有結綠晉有垂棘各是國之貴物故云國之寶也彼不借吾道必不敢受吾幣如受吾幣而借吾道則是我取之中府而藏之外府取之中廄而置之外廄也公曰宮之奇存焉（宮之奇虞之賢大夫○廄音救奇其宜反）必不使受之也荀息曰宮之奇之爲人也達心而懦（懦弱○懦乃亂反又乃臥反）又少長於君達心則其言略（明達之人言則舉綱領要不言提其耳則愚者不悟○少詩召反下同長丁丈反提徒兮反本作題音同）懦則不能彊諫少長於君則君輕之且夫玩好在耳

目之前而患在一國之後此中知以上乃能慮之臣料虞君中知以下也公遂借道而伐虢宮之奇諫曰晉國之使者其辭卑而幣重必不便於虞虞公弗聽遂受其幣而借之道宮之奇諫曰語曰脣亡則齒寒其斯之謂與語諺言也○彊其良反又其丈反好呼報反知音智下同上時掌反料力彫反又力弔反使所吏反便婢面反與音餘諺音彥【疏】傳中知以下○釋曰論語云中人以上可以語上今虞君中知以下則近愚故不能遠慮也挈其妻子以奔曹獻公亡虢五年而後舉虞荀息牽馬操璧而前曰璧則猶是也而馬齒加長矣猶是言如故○挈去結反操七刀反加長丁丈反【疏】五年而後舉虞○釋曰謂僖五年也○

秋九月齊侯宋公江人黃人盟于貫貫宋地○貫古亂反貫之盟不期而至者江人黃人也江人黃人者遠國之辭也中國稱齊宋遠國稱江黃以爲諸侯皆來至也【疏】傳以爲諸侯皆來至也○釋曰公羊傳曰江人黃人者何遠國之辭也遠國至矣則中國曷爲獨言齊宋至爾大國言齊宋遠國言江黃則其餘爲莫敢不至也何休云晉楚大於宋不序晉楚而言。序宋者時實晉楚之君不至但君子成人之美故褒益以爲徧至之辭所以奬大霸功而勉盛德也事或然矣魯雖復非大春秋以魯爲主魯若與會必書公但魯亦不至故不書之或以爲魯公亦在舉大以包之故不得以魯爲主耳

○冬十月不雨不雨者勤雨也言不雨是欲得雨之心勤也明君之恤民○勤如字麋氏音覲後年同○楚人侵鄭

三年春王正月不雨不雨者勤雨也○夏四

月不雨一時不雨則書首月不言旱不爲災一時言不雨者閔雨也經一時輒言不雨憂民之至閔憂也疏一時至雨也○釋曰此傳云一時言不雨者据文二年自十二月不雨至于秋七月彼傳云歷時而言不雨文不憂雨也此僖公憂雨故時時別書之閔雨者有志乎民者也○徐人取舒○六月雨雨云者喜雨也喜雨者有志乎民者也疏傳雨云至民者也釋曰春秋上下時雨不書非常乃錄今輒書六月雨者欲明僖公待雨則心喜故也心喜是於民情深故特錄之○秋齊侯宋公江人黃人會于陽穀陽穀齊地陽穀之會桓公委端搢笏而朝諸侯委委貌之冠也端玄端之服搢插也笏以記事者也所謂衣裳之會○搢音進又音箭笏音忽朝直遙反插楚洽反諸侯皆諭乎桓公之志疏陽穀至之志○釋曰桓會多矣獨此言委端搢笏皆諭乎桓公之志者以此會最大又以四教令於諸侯

其諸侯皆曉諭桓公之志不須盟誓故傳詳其事也其四教者公羊傳云無鄣谷無貯粟無易樹子無以妾爲妻是也云委端搢笏者謂會時服此服以朝諸侯也謂委端者郊特牲云委貌周道也章甫殷道也毋追夏后氏之道也又論語云羔裘玄冠不以弔鄭玄云玄冠委貌諸侯視朝之服是委者委貌之冠也論語又云端章甫願爲小相焉鄭云端玄端也衣玄端冠章甫諸侯日視朝之服又士冠禮云主人玄冠朝服在朝君臣同服是玄端諸侯視朝之服王肅云端委者玄端之衣委貌之冠故范亦同之謂之玄端者其色玄而制正幅無殺故謂之玄端桓公會諸侯因使諸侯朝已故服朝服也笏者玉藻云天子以球玉諸侯以象大夫以魚須文竹士竹本象可也其長短則天子三尺諸侯以下二尺有六寸也○注所謂衣裳之會○釋曰傳稱衣裳之會十有一今此注特言所謂衣裳之會者以傳有其文故注因顯之不謂直此會是衣裳也

○冬公子季友如齊莅盟傳例曰莅位也內之前定之盟謂之莅外之前定之盟謂之來○莅音利又音類【疏】注傳例至之來○釋曰昭七年傳文

莅者位也盟誓之言素定今但往其位而盟其不曰前定也不言及者

以國與之也不言其人亦以國與之也（疏）傳不言至之也○釋曰舊解此傳是外內之通例不據此一文而已不言及者以國與之也謂若外國之來盟及魯人往盟經直舉外來爲文不言及者欲見以國與之也故舉國爲主即宣七年衛侯使孫良夫來盟此公子季友如齊莅盟是也不言其人亦以國與之也者謂不言來盟之類經雖言及而不書魯之主名者亦是舉國與之即成三年丙午及荀庚盟是也不言外及者經無故也麋信徐邈並據當文解之理亦通也但據成三年傳注則不得以當文解之故今從舊說耳○

○楚人伐鄭

四年春王正月公會齊侯宋公陳侯衛侯鄭伯許男曹伯侵蔡蔡潰傳例曰侵時而此月蓋爲潰○潰戶內反蓋爲于僞反下爲退同（疏）注傳例至爲潰○釋曰侵無月例例時今桓公知所侵而經書月故知爲潰也文三年沈潰書月是其例也莒潰書日者惡大夫之叛故謹而日之潰之爲言上下不相得也

君臣不和而自潰散侵淺事也侵蔡而蔡潰以桓公爲知所侵也責得其罪故裁侵而潰不土其地不分其民明正也遂伐楚次于陘楚彊齊欲綏之以德故不速進而次于陘陘楚地○陘音刑疏傳侵淺至正也○釋曰侵者拘人民而謂之淺者對伐爲淺也又傳云不分其民是拘之而不取亦是淺之義此傳本意言桓公不深暴於蔡纔侵之而即潰故因發淺例左氏無鍾鼓曰侵此傳稱拘人民或當掩其不備亦未聲鍾鼓也論語稱齊桓公正而不譎指謂伐楚此侵蔡亦言正者伐楚是責正事大故馬鄭指之其實侵蔡不土其地不分其民亦是正事故傳言正也遂繼事也次止也疏傳次止也○釋曰次有二種有所畏之次即齊師宋師次于郎傳曰畏我是也有非所畏之次即此次于陘傳曰次止也是

○夏許男新臣卒十四年冬蔡侯肸卒傳曰諸侯時卒惡之也宣九年辛酉晉侯黑臀卒于扈傳曰其地于外也其日未踰竟也然則新臣卒于楚故不日耳非惡也○惡烏路反下同臀徒門反疏注十四年至惡也○釋曰宋公和卒傳曰

諸侯日卒正也則日卒由正不由善惡蔡侯肸卒傳曰時卒
惡也則似不日卒由善惡不由正者凡諸侯雖則正卒有惡
者亦不得書日咸十五年夏六月宋公固卒僖二十四年冬
晉侯夷吾卒十四年冬蔡侯肸卒是也身既是庶雖則無惡
亦不得書日故傳云日卒正也明不日是不正昭十四年八
月莒子去疾卒定十四年夏五月吳子光卒襄十八年冬十
月曹伯負芻卒是也日卒有二義故傳兩明之是諸侯正而
無惡繼在外在內並書日不正無惡則書月但有大惡不問
正與不正皆時也宋共公卒書月者彼爲葬日表其違例故
不得書時也雖例言之則此許男新臣亦是不正也故范直
以非惡解之不云正與不正又昭二十三年夏六月蔡侯東
國卒于楚范云不日在外也則此新臣亦不正故不書日襄
二十六年八月壬午許男甯卒于楚彼亦在外而書日則甯
是正可知也然則庶子踰竟未踰竟並皆不日嫡子在外在
內並皆書日則新臣由不正而不書日注云卒于楚故不日
者以新臣非直不正又兼在外傳例云其日未踰竟故順傳
文書之其實由正與不正不論在外在內也其襄公二十六
年傳注云在外已顯者彼甯實是正經言于楚則在外之文
已顯必不須去日故亦順傳文言之必知由正不由正在
外在內者宣九年范注云諸侯正卒則日不正則不日而云

未踰竟者恐後人謂操扈是國故發傳曰未踰竟是也知新臣無罪者以薨于朝會乃有王事之功明無罪或以爲許男新臣亦正也但爲卒於楚故不日許男甯卒于楚書日者以新臣卒無于楚之文故去日以見在外而卒也許男甯經有在外之文故書日以明其正晉侯黑臀卒于扈是正未踰竟故亦書日與許男異故范以爲其日未踰竟者表其非國不釋日與不日范氏之注上下多違縱使兩解仍有僻謬故並存之以遺來哲

諸侯死於國不地死於外地死於師何爲不地據宣九年晉侯黑臀卒于扈地〔疏〕注據宣至扈地○釋曰不據曹伯負芻卒于師者師與地異上云伐楚次于陘則許男卒于陘可知卒當有地而不地故注以地決之曹伯圍齊未退即在師而卒故云卒于師是師與地異故不據曹伯也**内桓師也**齊桓威德洽著諸侯安之雖卒於外與其在國同○**楚屈完來盟于師盟于召陵**屈完來如陘師盟齊桓以其服義爲退一舍〔疏〕注次于召陵而與之盟召陵楚地○召上照反〔疏〕退一舍○釋曰知一舍者古者師行每舍三十里上云屈完來盟于師下即云盟于召陵知非大遠故云一舍宣十五年左

傳華元謂子反曰去我三十里唯命是聽亦其證也**楚無大夫**無命卿也〔疏〕楚無大夫○釋曰無大夫凡有三等之例曹無大夫者本非微國後削小耳莒則是東夷本微國也楚則蠻夷大國僭號稱王其卿不命於天子故不同中國之例也**其曰屈完何也以其來會桓成之爲大夫也**尊齊桓不欲令與卑者盟○令力呈反下同**其不言使權在屈完也**邵曰齊桓威陵江漢楚人大懼未能量敵遣屈完如師完權事之宜以義卻齊遂得與盟以安竟內功皆在完故不言使○與音預又如字**則是正乎曰非正也**臣無自專之道**以其來會諸侯重之也**重其宗中國歸有道〔疏〕以其至重之也○釋曰以其來會重之也謂完既不正經無貶文者重其會中國徐邈云經不言使屈完者重其會諸侯也不言使前已解訖徐說非**來者何內桓師也**來者內辭也內桓師故言來〔疏〕來者至師也○釋曰來者何也謂據陳袁僑如會不言來也曰桓師也謂來者鄉內之辭今內齊桓爲天下霸主故亦言來也**于師**

前定也于召陵得志乎桓公也得志者不得志也屈完來盟桓公退于召陵是屈完得其本志屈完得志則桓公不得志以桓公得志爲僅矣桓爲霸主以會諸侯楚子不來屈完受盟令問諸江辭又不順僅乃得志言楚之懾服○爲僅其靳反屈完曰大國之以兵向楚何也桓公曰昭王南征不反菁茅之貢不至故周室不祭菁茅香草所以縮酒楚之職貢○菁茅子丁反下亡交反【疏】菁茅香草也尚書傳云菁以爲菹茅以縮酒縮所六反注菁茅香草○釋曰尚書禹貢云苞匭菁茅孔安國云菁以爲菹茅以縮酒今范云菁茅香草則以爲一物與孔異也屈完曰菁茅之貢不至則諾昭王南征不反我將問諸江問江邊之民有見之者不此不服罪之言故退于召陵而與之盟屈完所以得志桓公之不得志爾【疏】注問江邊之民○釋曰呂氏春秋云周昭王親征荆蠻反涉漢梁敗隕于漢中辛餘靡振王北

齊高誘注引左傳云昭王不復君其問諸水濱則昭王沒於漢不得振王北齊也故舊說皆云漢濱之人以膠膠舡船壞昭王溺焉則昭王沒漢此云問諸江邊者江漢水之相近者楚人不服罪不指王之死處而云問諸江也 ○齊人執陳袁濤塗袁濤塗陳大夫 ○濤徒刀反 齊人者齊侯也其人之何也於是哆然外齊侯也不正其踰國而執也江熙曰踰國謂踰陳而執陳大夫主人之不敬客由客之不先敬主人哆然衆有不服之心故春秋因而譏之所謂以萬物爲心也莊十七年齊人執鄭詹傳與其執者詹奔在齊因執之 ○哆昌者反又昌氏反詹之廉反

疏 齊人至執也 ○釋曰公羊左氏皆以爲濤塗誤軍道故齊侯執之此傳與注竟無誤軍道之言則以濤塗不敬齊命故執之也於是哆然外齊侯者謂齊不以禮於陳陳人有不服之意哆然疏外齊侯哆然寬大之意也 ○不正其踰國而執也 ○釋曰謂陳之不敬由齊之無禮不能自責反越國而執其臣故不正其踰國而執也貶以稱人不正猶言不與也正則人與之不正則人不與故謂不與爲不正也然齊人執鄭詹亦稱人以執傳言與之此稱人以執即

云貶者詹鄭之佞人往至齊國稱人以執則是衆人欲執之今濤塗不在齊國又無實罪齊侯執之而云齊人故知是貶也桓十一年宋公執人權臣令廢嫡立庶亦貶云宋人是其類也○注以萬物爲心也○釋曰莊子文○秋及江人黃人伐陳不言其人及之者何內師也【疏】不言至師也○釋曰何嫌非內而發傳者以文承齊人執濤塗之下即云及江人黃人伐陳恐非魯及故云內師也○八月公至自伐楚有二事偶則以後事致後事小則以先事致其以伐楚致大伐楚也鄭君曰會爲大事伐爲小事今齊桓伐楚而後盟于召陵公當致會而致伐者楚彊莫能伐者故以伐楚爲大事【疏】注鄭君至大事○釋曰知會大伐小者伐雖國之大事會盟有昇壇揖讓之儀示威講禮之制奉之以牲玉要之以神明是其大事故定四年公會諸侯侵楚五月盟于皐鼬下云公至自會是亦以會爲大事也今以楚彊莫能伐之者故特以伐爲大事也○葬許穆公○冬十有二月公孫

茲師師會齊人宋人衛人鄭人許人曹人侵陳莊十年春正月公侵宋傳曰侵時此其月何也惡之故謹而月之然則凡侵而月者皆惡之○惡烏路反下同

〔疏〕注凡侵至惡之○釋曰此侵陳爲惡者陳之不敬由齊之不敬陳也齊桓宜自責反執其臣前事既非今又致討故書月以見惡也

五年春晉侯殺其世子申生目晉侯斥殺惡晉侯也斥指斥〔疏〕目晉至侯也○釋曰傳言此者於鄭段雖有目君之例未辨目君之由故於此明之宋公殺其世子痤雖不發傳從此可知其殺公子不目君者皆罪賤之也○杞伯姬來朝其子婦人既嫁不踰竟踰竟非正也諸侯相見曰朝伯姬爲志乎朝其子也伯姬爲志乎朝其子則是杞伯失夫之道矣凱曰不能刑于寡妻○朝直遥反下

皆同爲志于僞反下同諸侯相見曰朝以待人父之道待人之子非正也故曰杞伯姬來朝其子參譏也參譏謂伯姬杞伯魯侯也桓九年曹伯使其世子射姑來朝譏世子此不譏者明子隨母行年尚幼弱未可責以人子之道伯姬以莊二十五年夏嫁至今十三年則子幼可知○參七南反又音三○【疏】傳參譏也○釋曰並譏之者伯姬託事而行近於淫泆失爲婦之道杞伯不能防其閨門令妻至魯失爲夫之宜魯待人之子行待父之禮失爲主之度故三事同譏之也○夏公孫茲如牟○公及齊侯宋公陳侯衛侯鄭伯許男曹伯會王世子于首戴惠王之世子名鄭後立爲襄王首戴衛地○首戴左氏作首止【疏】公及至首戴○釋曰案史記年表此時齊侯桓公也宋公桓公也陳侯宣公也衛侯文公也鄭伯文公也許男僖公也曹伯昭公也其王世子者即惠王之世子名鄭後立爲襄王是也及以會尊之也言及諸侯然後會王世子不敢令世子與諸侯齊列○令力呈

反何尊焉王世子云者唯王之貳也云可以重之存焉尊之也何重焉天子世子世天下也【疏】天子至下也○釋曰士冠禮云天子之元子猶士也天下無生而貴者也此云世天下也者彼見無生而貴者又明有父在之故今傳以其特世父位故云世天下也○秋八月諸侯盟于首戴言諸侯者前目而後凡他皆放此○無中事而復舉諸侯何也尊王世子而不敢與盟也尊則其不敢與盟何也盟者不相信也故謹信也不敢以所不信而加之尊者桓諸侯也不能朝天子是不臣也王世子子也塊然受諸侯之尊已而立乎其位是不子也桓不臣王世子不子則

其所善焉何也是則變之正也雖非禮之正而合當時之宜○復扶又反下同塊苦對反又苦怪反【疏】無中至侯何也○釋曰無中事者謂中間無他事也據平丘之會無中事不重舉諸侯此則重舉諸侯故決之○塊然○釋曰塊然者徐邈云塊然安然也○則其所善焉何也○釋曰謂經不譏桓而尊王世子是也天子微諸侯不享覲桓控大國扶小國統諸侯不能以朝天子亦不敢致天王尊王世子于首戴乃所以尊天王之命也世子含王命會齊桓亦所以尊天王之命也世子受之可乎是亦變之正也天子微諸侯不享覲世子受諸侯之尊已而天王尊矣世子受之可也鄭伯逃歸不盟以其法諸侯故逃之

也專已背衆故書逃傳例曰逃義（疏）世子受之可乎○曰逃○控大苦貢反背衆音佩　釋曰謂問世子受諸侯之尊已可乎以不也下又云世子受之可也謂得受之也○注逃義曰逃○釋曰莊十七年傳文弦國也何嫌非國傳特言弦國也發之者將明微國不書曰故辨之也○楚人滅弦弦子奔黃弦國也其不日微國也○九月戊申朔日有食之

○冬晉人執虞公虞公貪璧馬之寶棄兄弟之親拒絕忠諫之口不圖社稷之危故晉命行于虞使下執上虞同于晉是以謂之晉人執虞公江熙曰春秋有州公郭公虞公凡三公非爵也傳以爲下執之辭嘗試因此論之五等諸侯民皆稱曰公存有王爵之限沒則申其臣民之稱州公舍其國故先書州公郭公盜而歸曹故先名而後稱郭公夏陽亡則虞爲滅國故宜稱虞公三人殊而一致三公舛而同歸生死齊稱蓋春秋所賤○之稱尺證反下齊稱同舍音捨舛昌兗反（疏）注江熙至所賤○釋曰存有王爵之限者謂五等諸侯生存皆從本爵稱之也沒則申其臣民之稱者謂五等臣子尊其君父舉謚稱公也州公舍其國故先書州公者謂州公郭公書經不同立文之意以

州公好舍其國而寔來，故先書州公；若郭公則盜而歸曹，故後言郭公也。夏陽亡則虞爲滅國者，謂晉滅夏陽則虞號舉矣，故虞爲滅國而亦稱公也。三人殊而一致者，謂立文雖殊，其理致是一也。三公外而同歸者，謂立國雖外，同歸一稱也。生死齊稱，正謂生死同號之曰公，與凡諸侯異也。案桓五年州公如曹，六年寔來，本無舍國之事；莊二十四年郭公歸曹，不見有盜歸之文。今江爲此說，而范不難者，以州公舍國，左氏有文；郭公棄位適曹，即是盜之狀，以無正文，故引而不難也。三公外而同歸，或有作外者，外謂差外，理亦通，但定本作殊者多。

執不言所於地，緼於晉也。時虞已包裹屬於晉，故雖在虞執而不書其處。○緼，紆粉反。包音苞。裹音果。處，昌呂反。

【疏】執不至晉也○釋曰：舊解云執人例不書地，此云不地緼於晉也者，凡執人不地者，亦以地理可明故也。若晉會諸侯於溴梁，執莒子、邾子；楚合諸侯於申，執徐子，皆因會而執之，則在會可知，故不假言地。至如滅人之國，執人之君，則亦是就國可知也。經若書晉滅虞，則是言其地；今不書滅虞，即不舉滅國之地，不謂執人當地也。所以不言滅虞者，晉命先行於虞，虞已屬晉，故不得言之也。或以爲執不言所於地，謂不書執虞公于虞也；緼于晉也，謂虞已苞裹屬晉，故不得言也，理亦通耳也其曰公何也據十九年宋人執滕子嬰齊不言公猶曰其下執之之辭也臣民執其君故稱公其猶下執之之辭何也晉命行乎虞民矣虞服于晉故從晉命而執其君虞虢之相救非相爲賜也今日亡虢而明日亡虞矣言明日喻其速○爲于僞反又如字

監本春秋穀梁注疏僖公卷第七

盧宣旬校

清嘉慶二十年重栞宋本用文選樓藏本校

新建縣知縣鄭祖琛
浮梁縣知縣劉丙　同栞

穀梁注疏卷七挍勘記　阮元撰盧宣旬摘錄

僖公

元年

摭經書齊師　閩本同監毛本師誤侯

今復列二國者　閩監毛本二作三是也下重列二國同

夫人薨不地地故也齊人以歸　石經同閩監毛本作齊人以歸夫人薨不地地故也誤倒

況傳文不知　閩監毛本同何校本知作失是

二年　閩本同監毛本二誤三

傳三發之者　閩監本同毛本三作二

晉楚大於宋不序晉楚而言序宋者　按今本公羊注脫二楚字無言字

三年

文不憂雨也 閩監本同毛本文作反與文二年傳不合

待雨則心喜 閩監毛本待作得是

故特録之 閩監本同毛本闕之字

四年

傳侵淺至正也 此一段疏閩監毛本移在傳明正也下

則此新臣亦不正 按不正當作在外

諸侯死於國不地 閩監毛本於作于

曰桓師也 段玉裁校本曰作內

由客之不先敬主人 閩監毛本不先作先不

五年

云可以重之存焉閩毛本同監本存誤右

天子世子閩監毛本同石經世作廿避所諱

而尊王世子是也閩本同監毛本尊作讖

世子受之可乎此疏閩監毛本移在傳世子受之可也下

謂問世子受諸侯之尊己閩毛本謂作請監本同惟己字作以

注逃義曰逃○釋曰莊十七年傳文此疏閩監毛本移在注逃義曰逃下

脫注字

弦國也何嫌非國傳特言弦國也發之者將明微國不

書日故辨之也此疏此本誤與前疏連閩監毛本移在傳微國也下於何嫌上增○及釋曰二

字

穀梁注疏卷七挍勘記終　　寧都李楨挍

監本春秋穀梁注疏僖公卷第八 起六年盡十八年

范甯集解　楊士勛疏

六年春王正月○夏公會齊侯宋公陳侯衛侯曹伯伐鄭圍新城伐國不言圍邑此其言圍何也據元年楚人伐鄭不言圍病鄭也著鄭伯之罪也泰曰諸伐國而言圍邑傳皆以爲伐者之罪而以此著鄭伯之罪者齊桓行霸尊崇王室綏合諸侯翼戴世子盟之美者莫盛於此而鄭伯辟義逃歸違叛霸者是以諸侯伐而圍之罪著于上討顯于下圍伐之文雖同而善惡之義有殊亦猶桓盟不日以明信而葵丘之盟日之以爲美○著張慮反辟音避【疏】注泰曰至爲美○釋曰罪著於上而討顯于下者謂前五年書鄭伯會而逃歸是罪著於上也今伐鄭又言圍新城是討顯於下也圍伐之文雖同而善惡之義有殊謂隱五年宋人伐鄭圍長葛此言齊侯伐鄭圍新城是圍伐之文同也彼傳云伐國不言圍邑此其言圍何也久之也此傳

曰伐國不言圍邑此其言圍何也著鄭伯之罪也故知彼言圍以惡宋此言圍以善齊是善惡之義有殊也知善齊者傳言著鄭伯之罪故知圍者之善也○**秋楚人圍許諸侯遂救許**伐鄭之諸侯**善救許也**【疏】善救許也○釋曰何嫌非善而傳言之者以許是近楚小國叛而即齊嫌救之非善故發之○**冬公至自伐鄭其不以救許致何也大伐鄭也**【疏】大伐鄭也○釋曰大之者鄭叛中國外心事楚成蠻夷之強益華夏之弱齊桓爲伯討得其罪鄭人服從遂使世子聽命是其大也

七年春齊人伐鄭○**夏小邾子來朝**○朝直遥反○**鄭殺其大夫申侯稱國以殺大夫殺無罪也**【疏】稱國至罪也○釋曰莊九年齊人殺無知傳曰稱人以殺殺有罪也此云稱國以殺大夫殺無罪也是稱人稱國例異也但傳不說殺之狀無由知其事爲准例言之則是罪鄭伯也案傳例失德不葬文公不書葬則亦失德也枉殺

鄉佐是失德之儔未知鄭伯更有失德爲當直由殺申侯不可知也○秋七月公會齊侯宋公陳世子款鄭世子華盟于寧毋寧毋某地○寧毋上音如字又音甯下音無又茂后反左氏作甯衣裳之會也〔疏〕衣裳之會也○釋曰衣裳之會十有一或釋或不釋兵車之會四傳皆發之者衣裳之會多省文以相包兵車之會少故備舉以見義此是衣裳後歲兵車二文相近故傳因而別之也○曹伯班卒○班必顏反○公子友如齊○冬葬曹昭公

八年春王正月公會王人齊侯宋公衛侯許男曹伯陳世子款盟于洮洮曹地王人之先諸侯何也貴王命也朝服雖敝必加於上弁冕雖舊必加於首周室雖衰必先諸侯兵車之會

也鄭伯乞盟以向之逃歸乞之也向謂五年逃首戴之盟齊桓爲兵車之會于此乃震服懼不得盟故乞得與之不錄使者使若鄭伯自來所以抑一人之惡申衆人之善。之先悉薦反下同朝服直遥反弁皮彦反以向香亮反本又作鄉注同得與音豫使者所吏反〔疏〕朝服雖敝至必加於首。釋曰朝服者天子則皮弁諸侯則玄冠衣則皮弁白布玄冠緇衣素裳也弁冕者謂白鹿皮爲弁冕謂以木爲幹衣之以布上玄下纁垂旒者也乞者重辭也人道貴讓故以乞爲重〔疏〕乞者重辭也。釋曰文與乞師同故爲重辭也重是盟也悔前逃歸故以重言乞者處其所而請與也言乞知不自來〔疏〕注言乞知不自來。釋曰經言晉侯使郤錡來乞師是亦不自來也若然何以不錄使者所以抑鄭伯申諸侯也蓋汋之也汋血而與之。汋由若反又音酌〇夏狄伐晉〇秋七月禘于大廟禘三年大祭之名大廟周公廟禮記明堂位曰季夏六月以禘禮祀周公于大廟雜記下曰孟獻子曰七月日至可以有事于祖七月而禘獻子爲之案宜九

年仲孫蔑如京師於是獻子始見經襄十九年卒然則失禮非獻子所始明矣雜記之云甯所未詳○大廟音泰見賢偏反下文而見同

疏注失禮至明矣○釋曰范言此者以禮記稱七月而禘獻子爲之此時未有獻子亦七月而禘故知失禮非獻子爲始也

用致夫人劉向曰夫人成風也致之于大廟立之以爲夫人○夫人成風也左氏以爲哀姜

疏用致夫人○釋曰左氏以夫人爲哀姜因禘祭而致之於廟公羊以爲僖公本取楚女爲嫡取齊女爲媵齊女先至遂脅公使立之爲夫人故因禘祭而見於廟此傳及注意則以夫人爲成風致之者謂致之於大廟立之以爲夫人與二傳違者若左氏以夫人爲哀姜元年爲齊所殺何爲今日乃致之若公羊以爲齊之媵女則僖公是作頌賢君縱爲齊所脅豈得以媵妾爲夫人乎明知二傳非也今傳云一則以宗廟臨之而後貶焉一則以外之弗夫人而見正焉檢經傳之文符同故知是成風也

用者不宜用者也致者不宜致者也言夫人必以其氏姓言夫人而不以氏姓非夫人也立妾之辭也非正也夫人者正

嫡之稱，謂非崇妾之嘉號，以妾體君，則上下無別，雖尊其母，是卑其父，故曰非正也。禮有君之母非夫人者，又庶子爲後爲其母緦，是妾不爲夫人明矣。○適，丁歷反，本亦作嫡。稱，尺證反。別，彼列反。爲其，于僞反。緦，音思。

（疏）注「夫人」至「明矣」。○釋曰：仲子者，惠公之母，隱五年考仲子之宮，而經傳譏之是也。有君之母非夫人者，又庶子爲後爲其母緦者，喪服文也。

夫人之我，可以不夫人之乎？夫人卒葬之，我可以不卒葬之乎？鄭嗣曰：君以爲夫人，君以夫人之禮卒葬之，主書者不得不以爲夫人也。成風以文四年薨，五年葬，傳終說其事。一則以宗廟臨之而後貶焉，臣無貶君之義，故于大廟去夫人氏姓，以明君之非正。○去，起呂反。一則以外之弗夫人而見正焉。秦人來歸僖公成風之禭，不言夫人。○禭，音遂。○冬十有二月丁未，天王崩。惠王也。

九年春王三月丁丑，宋公禦說卒。○禦，魚呂反，本亦作御。說音悅○夏公會宰周公齊侯宋子衞侯鄭伯許男曹伯于葵丘宰官周采地天子三公不字宋子襄公葵丘地名○采音菜天子之宰通于四海宰天官冢宰兼爲三公者三公論道之官無事于會盟冢宰掌建邦之六典以佐王治邦國故曰通于四海【疏】注宰天至四海○釋曰傳言通於四海者解其與盟會之事也若直爲三公論道之官則無事於會盟以兼爲冢宰通於四海爲諸侯所尊故得出會也一解通於四海者解其稱官之意與注乖非也論道之官者尚書周官云論道經邦燮理陰陽是也掌建邦之六典者大宰職云一曰治典二曰教典三曰禮典四曰政典五曰刑典六曰事典是也左氏以宰周公爲宰孔此傳蓋亦然也宋其稱子何也未葬之辭也禮柩在堂上孤無外事今背殯而出會以宋子爲無哀矣橫木如椁塗之曰殯周人殯于兩楹之間周人殯于西階之上宋殷後也○柩其救反禮記云在牀曰尸在棺曰柩背音佩菆木才官反本又作横同【疏】宋其至哀矣○

釋曰稱宋子正也而云無哀者宋子非主伯所召而自會諸侯稱子嫌稱子合正無譏故傳責其背殯也晉襄背殯貶之稱人此經不貶者宋襄雖背殯出會而子道不虧於理雖合小譏而文不可貶責其晉襄上無王命所召又非國事急重而自爲戎首與敵交戰非直於理合責於文亦當貶也其稱子稱侯之例具於桓十三年疏○注欑木至後也○釋曰禮記檀弓云天子之殯也菆塗龍輴以椁鄭玄云菆木周龍輴如椁而塗之也天子殯以輴車畫轅爲龍也彼說天子之禮故云龍輴則諸侯亦設輴而不畫龍其用木欑之亦如椁故范云欑木如椁也檀弓又云夏后氏殯於東階之上殷人殯於兩楹之間周人殯於西階之上是注所據之文也云宋殷後者欲見宋之殯亦從兩楹之間○**秋七月乙酉伯姬卒內女也未適人不卒此何以卒也許嫁笄而字之死則以成人之喪治之**女子許嫁不爲殤死則以成人之喪治之謂許嫁於諸侯尊同則服大功九月吉笄以象爲之刻鏤其首以爲飾成人著之○笄古兮反殤式羊反著丁略反

【疏】內女也○釋曰明內女有書卒之義故發首云內女也若其不然不嫌非內女也范

氏別例云內女卒葬例有六葬有三卒亦有三卒者此文一
也僖十六年鄫季姬二也成八年杞叔姬三也葬者莊四年
葬紀伯姬三十年葬紀叔姬襄三十年宋葬共姬是也文十
二年子叔姬不數之者與此伯姬同是未適人故揔爲一也
〇注女子至著之〇釋曰喪服大功章云女子子之長殤傳
曰何以大功未成人也年十九至十六爲長殤十五至十二
爲中殤十一至八歲爲下殤七歲以下爲無服之殤於其服
也長殤中殤降成人一等下殤降成人二等又喪服傳曰大
功之殤中從上小功之殤中從下長殤中殤揔言之者據大
功以上也其葬殤之禮亦與成人有異故檀弓云周人以般
人之棺椁葬長殤以夏后氏之堲周葬中殤下殤以有虞氏
之瓦棺葬無服之殤是也女子許嫁而笄猶男子之冠也故
以成人之喪治之禮諸侯絕朞故許嫁於諸侯則服之若嫁
與大夫則不服也禮姊妹與已之女同服齊衰若出嫁則爲
之降至大功九月禮意爲降者取受我而厚之夫爲之朞故
我爲之降討此伯姬未至夫家案曾子問云娶女有吉日而
女死壻齊衰而弔既葬除之然則其夫不爲之盡禮則皆不
得爲之降當亦服齊衰朞也而范注云服大功者揔據出嫁
者言之故云大功非謂此亦大功也或當女子在室公不爲
之服則卒之亦不書今書之者以其許嫁故也夫雖不終服

公亦從出嫁之例降至大功也吉笄以象爲之者詩云象服是宜毛傳云尊者所以爲飾故知用象也鄭解象服與此異耳喪服女子許嫁服斬衰用箭笄齊衰則用榛笄喪既無飾故知吉笄有飾也鏤刻其首者相傳爲然也

○九月戊辰諸侯盟于葵丘桓盟不日此何以日美之也爲見天子之禁故備之也何休以爲即日爲美其不日皆爲惡也桓公之盟不日皆爲惡邪莊十三年柯之盟不日爲信至此日以爲美義相反也鄭君釋之曰柯之盟不日因始信之自其後盟以不日爲平文從陽穀已來至此葵丘之盟皆令諸侯以天子之禁桓德極而將衰故備日以美之自此不復盟矣○爲見于僞反下賢徧反復扶又反〔疏〕注自此不復盟矣○釋曰十五年盟于牲丘而云不復盟矣者以衣裳之會不復盟彼是兵車故也

葵丘之會陳牲而不殺所謂無歃血之盟鄭君曰盟牲諸侯用牛大夫用豭○歃本又作唼所洽反又所甲反豭音加〔疏〕陳牲而不殺○釋曰陳牲不殺則不得謂之盟若不殺牲又不得云讀書加於牲上而傳云不殺者桓公信義之極是於此矣雖盟而不歃血謂之不殺

不殺者謂不如凡常之殺殺而不用直讀書而加于牲上而已○注所謂至用豭○釋曰莊二十七年傳云衣裳之會十有一未嘗有歃血之盟也信厚也則衣裳之會皆不歃血而此會獨言之者以此會桓德極盛故詳其事實餘盟亦不歃血耳八年洮會云汭血與鄭伯者彼兵車之會故也徐邈云陳牲者不殺埋之陳示諸侯而已加于牲上者亦謂沽牲非死牲理亦通也此葵丘會爲桓德盛故書日以美之又毋雍泉以下是四教之事而論語一匡天下鄭不據之而指陽穀者鄭據公羊之文故指陽穀其實此會亦有四教故上注云從陽穀已來至此葵丘之盟皆令諸侯以天子之禁是也注又引鄭君曰盟牲諸侯用牛大夫用豭者左傳云諸侯盟誰執牛耳又曰鄭伯使卒出豭是其證也

讀書加于牲上壹明天子之禁壹猶專也曰毋雍泉專水利以障谷○雍於勇反塞也障音章又之亮反毋訖糴訖止也謂貯粟○糴音狄貯張呂反毋易樹子樹子嫡子○嫡丁歷反毋以妾爲妻毋使婦人與國事女正位於內○與音豫

○甲子晉侯詭諸卒獻公也枉殺世子申生失德不葬○詭諸

九委反左氏作佹諸桎紆往反〔疏〕注失德不葬○釋曰宋桓亦不葬至此言失德者今獻公桎殺申生即是失德之例宋桓無罪之狀故范不得言之也公羊以爲桓公不書葬者爲宋襄公背殯出會不書葬若非背殯然也穀梁既譏宋子即不是爲諱蓋魯不會故也○冬晉里克殺其君之子奚齊

其君之子云者國人不子也國人不子何也不正其殺世子申生而立之也諸侯在喪稱子言國人不君之故繫于其君〔疏〕冬晉至奚齊○釋曰范云弒君日與不日從其君正與不正今奚齊書時者爲未成君且又不正故也○國人不子○釋曰舊解諸侯在喪稱子今國人不以爲君故不直謂之子而繫之於君也徐邈云不子者謂不子愛之也非范意蓋不子者謂不以爲君則是不子也

十年春王正月公如齊〔疏〕正月公如齊○釋曰何休云書月者善公朝事齊故月之朝既以時爲正書月何以爲善蓋爲下滅温書月也○狄滅温温子奔衛

○晉里克弑其君卓及其大夫荀息以尊及甲也荀息閑也○卓勑角反　○夏齊侯許男伐北戎○晉殺其大夫里克稱國以殺罪累上也里克弑二君與一大夫二君奚齊卓子一大夫荀息　其以累上之辭言之何也據有罪　其殺之不以其罪也其殺之不以其罪奈何里克所爲殺者爲重耳也殺奚齊卓子者欲以重耳爲君重耳夷吾兄文公○所爲于僞反下文皆同重直龍反殺奚齊申志反又如字夷吾曰是又將殺我乎故殺之不以其罪也其爲重耳弑奈何晉獻公伐虢得麗姬獻公私之有二子長曰奚齊稚曰卓子麗姬欲爲

亂亂謂殺申生而立其子。○麗姬力池反，伐虢所得；左氏伐麗戎所得。長丁丈反。稚直吏反。故謂君曰：吾夜者夢夫人趨而來，曰吾苦畏。夫人，申生母。○苦如字，又枯路反，下同。胡不使大夫將衛士而衛冢乎？公曰：孰可使？曰：臣莫尊於世子，則世子可。故君謂世子曰：麗姬夢夫人趨而來，曰吾苦畏，女其將衛士而往衛冢乎？世子曰：敬諾。築宮，宮成。麗姬又曰：吾夜者夢夫人趨而來，曰吾苦飢。世子之宮已成，則何爲不使祠也？故獻公謂世子曰：其祠。世子祠。已祠，致福於君。君田而不在，麗姬以酖爲酒，藥脯以毒。獻公田來，麗姬曰世子已祠故致福於君君將食麗姬跪曰食自外來者不可不試也覆酒於地而地賁賁沸起也○女音汝下皆同祠自緇反酖直蔭反以鴆鳥毛畫酒跪求委反覆芳服反賁扶粉反注同以脯與犬犬死麗姬下堂而啼呼曰天乎天乎國子之國也子何遲於爲君君喟然歎曰吾與女未有過切吾與女未有過差切急○呼火故反喟去愧反又去怪反差初賣反又如字

【疏】未有過切○釋曰公信麗姬謂大子實將殺已故喟然歎曰吾與汝爲父子以來未嘗有過差切急是何與我之深也雖不對大子發歎而爲此言也

是何與我之深也使人謂世子曰爾其圖之世子之傅里克謂世子曰入自明入自明則可以生不入自明則不可以

生世子曰吾君已老矣已昬矣吾若此而入自明則麗姬必死麗姬死則吾君不安所以使吾君不安者吾不若自死吾寧自殺以安吾君以重耳爲寄矣慮麗姬又譖重耳故以託里克使保全之刎脰而死○刎亡粉反脰音豆頸也故里克所爲弒者爲重耳也夷吾曰是又將殺我也○秋七月○冬大雨雪○雨于付反

十有一年春晉殺其大夫丕鄭父○丕普悲反稱國以殺罪累上也【疏】罪累上也○釋曰重發傳者此里克同黨恐異故發之○夏公及夫人姜氏會齊侯于陽穀○秋八

月大雩雩月正也雩得雨曰雩不得雨曰旱

禮龍見而雩常祀不書書者皆以旱也故得雨則喜以月爲正也不得雨則書旱明旱災成何休曰公羊書雩者善人君應變求索不雩則言旱旱而不害物言不雨也就如穀梁說本不雩何以明之如以不雨明之設旱而不害物何以別乎鄭君釋之曰雩者夏祈穀實之禮也旱亦用焉得雨書雩明雩有益不得雨書旱明旱災成後得雨無及也國君而遭旱雖有不憂民事者何乃廢禮本不雩禱哉顧不能致精誠也旱而不害物以久不雨別之文二年十三年自十有二月自正月不雨至于秋七月是也穀梁傳曰歷時而言不雨文不閔雨也以文不憂雨故不如僖時書不雨文所以不閔雨者素無志於民性退弱而不明又見時久不雨而無災耳○雩音于龍見賢遍反下同應變應對之應索所白反別彼列反下同禱丁老反又丁報反

疏 雩月正也○釋曰穀梁之例若常祀之雩則皆不書書者並是爲旱也若得雨則書雩不得雨則書旱就書之中若八月九月雩則書月以見正何者八月九月其時窮人力盡故也定元年九月大雩傳曰雩月雩之正也此秋八月雩傳曰雩月正也是雨者雩者書月以見正昭二十五年七月大雩亦書月者以一月再

雩故月也餘月雩者則書時以見非正則成七年冬大雩傳曰雩不月而時非之也冬無爲雩也又定元年傳曰秋大雩非正也冬大雩非正也是餘月雩皆書時以見非正其旱則例皆時何者旱必歲窮非一月之事故也則僖二十一年夏大旱傳曰旱時正也宣七年秋大旱亦蒙例可知也舊解八月雩雖不得雨亦不云旱也若九月雩而不得雨則書旱傳言得雨曰雩指爲八月也不得雨曰旱指爲九月也觀經傳上下全無此意其說非也又僖二十一年夏大旱范引傳例曰得雨曰雩不得雨曰旱豈是九月雩不得雨何爲亦書旱也○注設本至災耳○釋曰何休難此傳云雩而得雨曰雩故言設使元本不雩則何以明之也此傳又云不得雨曰旱故又難云就如穀梁書旱則以不雨明之設使或旱而不害物則何以別之乎○冬楚人伐黄

十有二年春王正月庚午日有食之○夏楚人滅黄貫之盟管仲曰江黄遠齊而近楚楚爲利之國也若伐而不能救則無以宗諸侯

矣宗諸侯謂諸侯宗之○貫古亂反遠于萬反近附近之近爲于僞反桓公不聽遂與之盟管仲死楚伐江滅黄桓公不能救故君子閔之也閔其貪慕伯者以致滅（疏）莫之至閔之也○釋曰案史記管仲之卒在桓公四十一年討桓公四十一年當魯僖十五年而此云管仲死者蓋不取之史記之説云閔之也者閔其背楚致禍歸齊無福之意是不解經也○秋七月○冬十有二月丁丑陳侯杵臼卒○杵昌吕反

十有三年春狄侵衛○夏四月葬陳宣公○公會齊侯宋公陳侯衛侯鄭伯許男曹伯于鹹鹹衛地○鹹音咸兵車之會也（疏）兵車之會也○釋曰何休於此有廢疾范不具載鄭釋者以數九會異於鄭故也○秋九月大雩○冬公子友

如齊

十有四年春諸侯城緣陵緣陵杞邑疏注緣陵杞邑釋曰謂之城者封杞也不發非國之問者從楚丘之例也不言城杞及遷亦從彼例也公羊以爲杞國爲徐莒脅滅故諸侯爲之城左氏以爲淮夷病杞故齊桓爲之城二傳說城之所由雖殊皆是爲杞也故范注亦云緣陵杞邑其曰諸侯散辭也直曰諸侯無小大之序是各自欲城無揔一之者非伯者所制故曰散辭聚而曰散何也據言諸侯城則是聚諸侯城有散辭也桓德衰矣言諸侯城則非伯者之爲可知也齊桓德衰所以散也何休曰案先是盟亦言諸侯非散也又穀梁美九年諸侯盟于葵丘即散何以美之邪鄭君釋之曰九年公會宰周公齊侯宋子衛侯鄭伯許男曹伯于葵丘九月戊辰盟于葵丘時諸侯初在會未有歸者故可以不序今此十三年夏公會齊侯宋公陳侯衛侯鄭伯許男曹伯于鹹而冬公子友如齊此聘也書聘則會固前已歸矣今[illegible]云諸侯城緣陵而不序其人明其散桓德衰矣鄭上[illegible]事安得以難此○難乃旦反○夏

六月，季姬及繒子遇于防，使繒子來朝。遇例時，此非所宜遇，故謹而月之。○繒，在陵反。朝，直遥反，下文及注同。遇者，同謀也。魯女無故遠會諸侯，遂得淫通，此亦事之不然。左傳曰：繒季姬來寧，公怒之，以繒子不朝，遇于防，而使來朝，此近合人情。○近，如字，又附近之近。

〔疏〕遇者同謀也○釋曰：傳例曰「遇者，志相得也」，今云「同謀」者，以淫通與盟會異，故發傳。又云「言使非正」者，婦人使夫異於君使世子，故重發非正之例也。

來朝者，來請已也。使來朝，請已爲妻。朝不言使，言使非正也，以病繒子也。○秋八月辛卯，沙鹿崩。沙鹿，晉山。〔疏〕沙鹿崩○釋曰：公羊以沙鹿爲河上之邑，崩者陷入地中；杜預注左氏以爲山名；此傳以鹿爲山足：是三傳說異也。林屬於山爲鹿。鹿，山足。○屬，之玉反。沙，山名也。無崩道而崩，故志之也。其日，重其變也。劉向曰：鹿在山下平地，臣象，陰位也。崩者，散落背叛不事上之象。○背，音佩。〔疏〕其日重其變也○釋曰決梁山崩不日也梁山崩亦壅河不書壅河者舉山崩爲重故也○狄侵鄭○冬蔡侯肸卒肸許乙反諸侯時卒惡之也惡烏路反〔疏〕時卒惡之也○釋曰麋信云蔡侯肸父哀侯爲楚所執肸不附中國而常事父讎故惡之而不書日也案蔡侯自僖以來未與中國爲會則麋信之言是也不書葬者或是失德或是魯不會也

十有五年春王正月公如齊○楚人伐徐○三月公會齊侯宋公陳侯衛侯鄭伯許男曹伯盟于牡丘牡丘地名兵車之會也遂次于匡救徐也時楚人伐徐匡衛地遂繼事也次止也有畏也畏楚〔疏〕次止也有畏也○釋曰復發傳者前次于陘欲綏楚以德今而畏楚故別發之○公孫敖帥師及諸侯之大夫救徐諸侯既盟次匡皆遣大夫將兵救徐故不復具列諸國○復扶又反

善救徐也〔疏〕善救徐也○釋曰徐叛楚即齊旋爲楚所敗嫌救非善故發明之○夏五月日有食之夜食〔疏〕注夜食○釋曰莊公十八年傳云不言日不言朔夜食也是以知之○秋七月齊師曹師伐厲徐邈曰案齊桓末年用師及會皆危之而月也于時霸業已衰勤王之誠替于內震矜之容見於外禍釁既兆動接危理故月衆國之君雖有失道未足爲一世興衰齊桓威攝羣后政行天下其得失皆治亂所繫故春秋重而詳之録所善而著所危云爾○見賢徧反釁許靳反衰本作喪息浪反治自吏反〔疏〕注徐邈至云爾○釋曰何休以爲葵丘之會桓公震而矜之叛者九國此厲亦是叛者故伐之左氏以爲厲是楚屬國故伐厲以救徐今范載徐言云震矜之容見於外則與何休同也録所善九年盟于葵上著日以極美是也著所危者此年書月以見衰是著所危○八月螽音終○螽蟲災也甚則月不甚則時○九月公至自會莊二十七年傳曰相會不致安之也而此致者齊桓德衰故危而致之〔疏〕甚則月○釋曰重發傳者嫌僖公憂民之重災不至

於甚故明之也○季姬歸于繒○己卯晦震夷伯之廟夷謚伯字晦冥也震雷也夷伯魯大夫也因此以見天子至于士皆有廟明夷伯之廟過制故因此以言禮○冥亡定反見賢徧反

疏晦冥至有廟○釋曰公羊以爲晦者爲晝日而晦冥震者雷也謂有雷擊夷伯之廟此傳亦云晦冥也震雷也則不得從左氏爲月晦與公羊同矣公羊又以爲夷伯者季氏之信臣故震其廟以戒之今此傳歷言天子以下廟數以爲過制故震之與公羊異左氏以爲夷伯有隱慝故天命霹靂之亦與穀梁不同也天子七廟祭法曰王立七廟曰考廟王考廟皇考廟顯考廟祖考廟有二祧遠廟稱祧○祧它堯反諸侯五曰考廟王考廟皇考廟顯考廟祖考廟大夫三曰考廟王考廟皇考廟士二曰考廟王考廟故德厚者流光德薄者流卑雍曰德厚者位尊道隆者爵重故天子遠及七世士祭祖而已是以貴始德之本也始封必爲祖若契爲殷祖棄

爲周祖○契息列反【疏】天子至爲祖○釋曰鄭據禮記説云夏五廟則殷六廟周七廟故王制云天子七廟三昭三穆與大祖之廟而七鄭注云此周制七者大祖廟及文武二祧與親廟四大祖謂后稷也殷則六廟契及湯與二昭二穆也夏則五廟無大祖禹與二昭二穆而已是其説也王制又云諸侯五廟二昭二穆與大祖而五鄭云大祖始封之君王者之後則不爲始封之君廟也又云大夫三廟一昭一穆與大祖之廟而三鄭云大祖别子始爵封者雖非别子始爵者亦然又云士一廟庶人祭于寢鄭云謂諸侯中士下士名曰官師者上士則二廟寢適寢也是禮與傳文合也唯祭法云大夫三廟曰考廟曰王考廟曰皇考廟與王制一昭一穆與大祖其意少異者鄭荅趙商祭法大夫三廟是周之制而王制大夫三廟言與大祖而三或當夏殷法不合於周禮也是解二者不同之意祭法又云適士二廟官師一廟而王制云士一廟者亦謂是中士下士者也若是上士亦當二廟故鄭注王制云士一廟者諸侯之中士下士名曰官師者也上士則二廟是也中士下士所以名爲官師者師長也言爲一官之長也祭法又云庶人無廟故王制亦云庶人祭寢是無廟也庶士者謂府史之屬也庶人者謂平民也以其賤故無廟也○德厚至流卑○釋曰光猶遠也卑猶近也天子德厚

故遠及七廟士之德薄故近及二廟因其貴賤有倫故制爲等級也○是以至本也○釋曰始謂受封之君所以貴之者由是德之本也言有大德故受高位高位由之而來故始封之君必爲祖矣祖謂廟不毁也○冬宋人伐曹○楚人敗徐于婁林婁林徐地○敗必邁反下相敗同夷狄相敗志也疏夷狄相敗志也○釋曰夷狄相敗書文不具今起禍亂之原謹兵車之始故傳言此以明之○十有一月壬戌晉侯及秦伯戰于韓韓晉地獲晉侯獲者不與之辭諸侯非可相獲疏注獲者不與之辭○釋曰傳有明例注言之者嫌晉侯失衆與秦得獲故注顯之欲明亦不與秦獲也范別例云凡書獲有七謂莒挐一也晉侯二也華元三也蔡公子濕四也陳夏齧五也齊國書六也麟七也於晉侯著失民之咎於蔡公子濕彰公子之病華元表得衆之辭莒挐顯公子之給自餘雖不發從省文可知也韓之戰晉侯失民矣以其民未敗而君獲也

十有六年春王正月戊申朔隕石于宋五 劉向曰石陰類也五陽數也象陰而陽行將致隊落 ○隕云敏反行下孟反下隕行同隊直類反

疏 注劉向至隊落

釋曰何休云石者陰德之專者也鷁者鳥中之耿介者皆有似宋襄公之行宋襄欲行霸事不納公子目夷之謀事事耿介自用卒以五年見執六年終敗如五石六鷁之數天之與人昭昭著明甚可畏也賈逵云石山岳之物齊大岳之胤而五石隕宋象齊桓卒而五公子作亂宋將得諸侯而治五公子之亂鷁退不成之象後六年霸業退也鷁水鳥陽中之陰象君臣之訟鬩也許慎異義載穀梁說云隕石於宋五象宋公德劣國小陰類也而欲行霸道是陰而欲陽行也其隕將拘執之象也是宋公欲以諸侯行天子道也六鷁退者鄭玄云六鷁俱飛得諸侯之象也其退示其德行不進以致敗也得諸侯是陽行也被執敗是陰行也是二說與劉向合耳其何休賈逵之言並是公羊左氏舊說非穀梁意也

先隕而後石何也 據莊七年星隕如雨先言星後言隕 隕而後石也 既隕後乃知是石 于宋四竟之内曰宋後數散辭也耳治

也隕石記聞也聞其磌然視之則石察之則五○竟音境治直吏反下目治同磌之人反又大年反聲響也

（疏）于宋至治也○釋曰散辭也者對下聚辭也爲言此石散在宋四竟之內故後言其數以散辭言之鷁則聚在宋都之上故先言其數以聚辭言之又云耳治也者謂隕石先以耳聞故言先言隕鷁退先以目見故先言數是各以聞見先後爲文○注聞其磌然○釋曰范取公羊爲說彼傳云隕石記聞聞其磌然視之則石察之則五是也磌字說文玉篇字林等無其字學士多讀爲砰據公羊古本並爲磌字張揖讀爲磌是石聲之類不知出何書也

○**是月六鷁。退飛過宋都**是月隕石之月劉向曰鷁陽也六陰數也象陽而陰行必衰退○鷁五歷反

是月也決不日而月也欲著石日鷁月故言是月若不言是月則嫌與戊申同

（疏）決不日而月也○釋曰傳言此者解經書是月之意言鷁退不日而月故云是月明與石隕異日也若然案桓十二年丙戌公會鄭伯盟于武父丙戌衛侯晉卒若下事得蒙上日何爲彼經重舉丙戌者彼公盟必須書日衛侯不正前見亦當書日經以衛侯不正而恐不得蒙上日故書二日以明之此石隕鷁退是記異之事恐蒙上日故言是月以別

之知下事得蒙上日者䢜且之卒得連日食之下叔弓之卒得與祭同日是經舉一日得包兩日之驗也六鶂退飛過宋都先數聚辭也目治也六鶂退飛記見也視之則六察之則鶂徐而察之則退飛子曰石無知之物鶂微有知之物石無知故日之石無知而隕必天使之然故詳而日之鶂微有知之物故月之鶂或時自欲退飛耳是以略而月之君子之於物無所苟而已石鶂且猶盡其辭而況於人乎故五石六鶂之辭不設則王道不亢矣不遺微細故王道可舉○亢苦浪反民所聚曰都○三月壬申公子季友卒大夫日卒正也季友桓公之子（疏）大夫曰卒正也○釋曰傳發之者益師明其有罪此則顯其得正故兩明之也稱公弟叔仲賢也大夫不言公子公孫

疏之也【疏】稱公弟叔仲賢也○釋曰傳因季友之賢發起其例也叔肸賢而稱弟季友不稱弟稱字賢可知也以兄先死故不得稱弟耳不言公子公孫疏之者謂仲遂嬰齊之等是也又公孫茲發日卒之傳者以其名而不字又非罪非賢故重發之仲遂非賢而稱字者彼既不言公子以疏之唯宣公嘉之而稱字無嫌是賢故也○夏四月丙申繒季姬卒○秋七月甲子公孫茲卒大夫日卒正也○冬十有二月公會齊侯宋公陳侯衛侯鄭伯許男邢侯曹伯于淮兵車之會也○淮音懷

十有七年春齊人徐人伐英氏○英於京反○夏滅項孰滅之桓公也何以不言桓公也據莊十年齊師滅譚稱齊師○項戶講反國名也齊滅之左氏以爲魯滅爲賢者諱也項國也不

可滅而滅之乎桓公知項之可滅也知政昏亂易可滅○爲于僞反下爲之諱同而不知已之不可以滅也覇者存恤鄰國抑彊輔弱義不可滅人之國既滅人之國矣何賢乎君子惡惡疾其始絶其始則得不終於惡邵曰謂疾其初爲惡之事不終身疾之○惡惡並如字又烏路反善善樂其終樂賢者終其行也邵曰謂始有善事則終身善之○行下孟反

【疏】君子至其終○釋曰言此者解爲齊桓諱滅項之意惡惡疾其始謂君子憎惡惡人則疾其初始何者欲使惡人不得終於惡故就其初始即貶疾之也善善樂其終謂君子善其善人樂使終其行也以樂終其行故雖有惡亦爲諱之或齊雖滅項亦不言齊滅也邵解二事並與范異君子惡惡疾其始者君子憎惡人有惡事唯疾其初始爲惡不終身疾也言有惡則疾之無惡則止也善善樂其終者君子嘉善人則欲終身善之見人一度有善則終身不忘故爲齊桓諱滅項也

桓公嘗有存亡繼絶之功故君子爲之諱也邵曰存亡謂存

邢衛繼絕謂立僖公所以終其善○秋夫人姜氏會齊侯于卞卞魯地○卞皮彥反○九月公至自會桓會不致而今致會桓公德衰威信不著陳列兵車又以滅項往會既非踰年乃反故往還皆月以危之○冬十有二月乙亥齊侯小白卒此不正其日之何也據二十四年晉侯夷吾卒不書日其不正前見矣其不正之前見何也以不正入虛國故稱嫌焉爾莊九年齊小白入于齊貶不稱公子虛國謂齊無君傳例曰以國氏者嫌也○見賢徧反下同

十有八年春王正月宋公曹伯衛人邾人伐齊非伐喪也伐喪無道故謹而月之【疏】注故謹而月之○釋曰侵伐書月唯施於內今亦施之於外者齊桓以安危所繫故書月以表之宋襄欲繼齊桓之業故亦謹而月之○夏師救

齊

齊（魯師）善救齊也○五月戊寅宋師及齊師戰于甗（甗，齊地○甗，魚韋反，又音言）齊師敗績戰不言伐客不言及言及惡宋也何休曰戰言及者所以别客主直不直也故文十二年晉人秦人戰于河曲兩不直故不云及今宋言及明直在宋非所以惡宋也即言及爲惡是河曲之戰爲兩善乎又穀梁以河曲不言及略之也則自相反矣鄭君釋之曰及者别異客主耳不施於直與不直也直不直自在事而已義兵則客直宣十二年夏晉荀林父帥師及楚子戰於邲晉師敗績是也兵不義則主人直莊二十八年春衛人及齊人戰衛人敗績是也今齊桓卒未葬宋襄欲興霸事而伐喪於禮尤反故反其文以宋及齊即實以宋及齊明直在宋邲之戰直在楚不以楚及晉何邪秦晉戰於河曲不言及疾其亟戰爭舉兵故略其先後○惡，烏路反，下同。别，彼列反，下同。邲，蒲必反，一音彌。亟，欺異反

【疏】戰不至宋也○釋曰：春秋之例，戰伐不並舉，此上有伐文，今又言戰，是違常例也。又伐人者爲客，受伐者爲主，此言及齊師，是亦違常例也，故傳釋之以爲惡宋也。○注何休至先後○釋曰：何休廢疾云此言及爲惡宋，則文十

二年河曲之戰不言及爲兩善也故知言及者分別客主直與不直也鄭玄釋之曰言及者別異客主耳不施直與不直也故引宣十二年夏莊二十八年春以明之宣十二年邲之戰楚直晉曲經云荀林父及楚子莊二十八年衛直齊曲而云衛人及齊明直者在事而已不由稱及也穀梁邲戰竟不論楚直晉曲而鄭云直在楚者公羊意以爲邲戰是楚直故何休據之難

○狄救齊善救齊也【疏】善救齊也○釋曰楚與上文魯師救齊並爲善者此善狄能憂中國上文與魯昔與齊仇讎恐救之非善故並發善救之例也

○秋八月丁亥葬齊桓公豎刁易牙爭權五公子爭立故危之○刁音雕

○冬邢人狄人伐衛狄其稱人何也善累而後進之累積伐衛所以救齊也何休曰即伐衛救齊當兩舉如伐楚救江矣又傳以爲江遠楚近故伐楚救江今狄亦近衛而遠齊其事一也義異何也鄭君釋之曰文三年冬晉陽處父帥師伐楚救江兩舉之者以晉未有救江文故明言之今此春宋公曹伯衛人邾人伐齊夏狄救齊冬邢人狄人伐衛爲其救齊可知故省文耳事同義又何異○近

衛如字又附近之近遠齊如字又于邁反爲其于僞反省所景反

功近而德遠矣

伐衛功近耳夷狄而憂中國其德遠也

監本春秋穀梁注疏僖公卷第八

盧氏宣旬校定

清嘉慶二十年重栞宋本用文選樓藏本校

新建縣知縣鄭祖琛
浮梁縣知縣劉　丙　同栞

穀梁注疏卷八挍勘記　　阮元撰盧宣旬摘錄

七年 僖公

省文以相包 閩監毛本同何校本包作苞

八年

是妾不爲夫口明矣 此本夫字下空缺閩監毛本作體

九年

是注所據之文也 閩本同監毛本作是據所注之文也誤

是於此矣 閩本同監毛本是作見是也

專水利以障谷 閩監毛本同釋文出以鄣

而繫之於君也 閩本同監毛本於作于

十年

狄滅溫　石經閩監本同毛本狄誤秋

吾若此而入自明　石經閩本同監毛本脱吾字明下衍明字

十有一年

善人君應變求索　閩監毛本同釋文出索也今本無也字蓋所據本不同

固以久不雨別之　閩本同監毛本固作故是

則成七年冬大雩　閩本同監毛本則誤爾

十有二年

春王正月　閩監毛本同石經正作三

十有四年

泆梁山崩不日也　閩本同監毛本泆誤浹

十有五年

勤王之誠替于內　閩本同監毛本內誤初

大祖別子始爵封者　案鄭氏注原文無封字

十有六年

六鷁退飛過宋都　閩監毛本同石經鷁作鶂下五石六鷁同釋文出六鶂案十行本鷁字係剜補乃淺人妄改而仍有改之未盡者○案說文作鶂無鷁字

十有七年

桓公常有存亾繼絕之功　閩監毛本同石經無公字

十有八年

故不云及　閩監毛本同案釋文出故去起呂反在以別下文于郕上今驗以別之下于郕之上無故去之文當是陸所據本此故不云及四字作故去及三字

穀梁注疏卷八挍勘記終

寧都李楨挍

監本春秋穀梁注疏僖公卷第九 起十九年盡三十三年

范甯集解　楊士勛疏

十有九年春王三月宋人執滕子嬰齊〔疏〕滕子嬰齊。釋曰傳法並不解稱名之意蓋罪賤之也　○夏六月宋公曹人邾人盟于曹南 曹南曹之南鄙 繒子會盟于邾己酉邾人執繒子用之微國之君因邾以求與之盟 與厠豫也。與音豫注及下文同〔疏〕會盟于邾。釋曰言會盟于邾者繒是微國欲因邾以求盟故云會盟也 人因已以求與之盟已迎而執之惡之故謹而日之也用之者叩其鼻以衈社也 衈者釁也取鼻血以釁祭社器。惡烏路反下惡其長同 叩音口 衈音二〔疏〕故謹至社也。釋曰此與昭公十一年冬十有一月丁酉楚師

滅蔡執蔡世子友以歸用之皆惡其用人故不據國之大小同書曰以見惡也叩其鼻者論語云以杖叩其脛則叩謂擊也

○秋，宋人圍曹。○衛人伐邢。○冬，會陳人、蔡人、楚人、鄭人盟于齊。會無主名內卑者也四國稱人外卑者也杜預曰地於齊齊亦與盟

○梁亡。自亡也。湎於酒，淫於色，心昏耳目塞，上無正長之治，大臣背叛，民為寇盜。梁亡，自亡也。如加力役焉，湎不足道也。如使伐之而滅亡則淫湎不足記也使其自亡然後其惡明○湎面善反長丁丈反下及注同背音佩

〔疏〕梁亡○釋曰左氏以為秦滅梁惡其自取滅亡之故不以秦滅為文公羊以為魚爛而亡謂梁君隆刑峻法百姓逃叛而事等魚爛從中而去也此傳亦云大臣背叛民為寇盜則同公羊梁國亦自亡也又如加力役焉湎不足道也則梁之土地必為人所取蓋同左氏秦得之但據自滅為文少異耳

梁亡，鄭棄其師，我無加損焉，正名而

已矣梁亡出惡正也正謂政教【疏】正名而已矣○釋曰仲尼脩春秋亦有改舊義以見褒貶者亦有因史成文以示善惡者其變之也不葬有三爲齊桓諱滅項之類是改舊也其梁以自滅爲文鄭棄其師之徒是因史之文也故傳云我無加損焉正名而已矣鄭棄其師惡其長也長謂高克

二十年春新作南門作爲也有加其度也更加使大言新有故也非作也責其改舊制南門者法門也法門謂天子諸侯皆南面而治法令之所出入故謂之法門○夏郜子來朝○郜古報反

○五月己巳西宮災謂之新宮則近爲禰宮言閔公非僖公之父故不言新宮也○近附近之近禰乃禮反父廟也以諡言之則如疏之然故不言閔宮而云西宮以是爲閔宮也【疏】以是爲閔宮也○釋曰傳

知之者以若是禰宮當言新宮若是疏祖之宮文須言謚此在親疏之間故知是閔宮也〇鄭人入滑〇秋齊人狄人盟于邢邢爲主焉爾邢小其爲主何也其爲主乎救齊十八年邢人狄人伐衛以救齊是也〔疏〕邢爲至救齊〇釋曰盟會地于國都者國主雖與盟會未知即能爲主桓十四年公會鄭伯于曹曹不爲主是也而傳云邢爲主焉爾又辨其大小者傳以十八年邢人狄人伐衛以救齊今又盟于邢故知爲主也又云邢小者以邢雖是小國爲主能救齊故歸功于邢不謂盟國都者例能爲主耳〇冬楚人伐隨隨國也〔疏〕隨國也〇釋曰案世本隨是國名經又言伐知非邑也

二十有一年春狄侵衛〇宋人齊人楚人盟于鹿上宋爲盟主故序齊上鹿上宋地〇夏大旱傳例曰得雨曰雩不得雨曰旱旱時正也〔疏〕旱時正也〇釋曰旱必歷時非一月之事故書時爲正也〇秋宋公楚

子陳侯蔡侯鄭伯許男曹伯會于雩雩宋地雩或爲宇執宋公以伐宋以重辭也傳例曰以者不以者也此傳及定七年齊人執衛行人北宮結以侵衛傳皆曰以重辭也然則以有二義矣國之所重故曰重辭【疏】以重辭也○釋曰桓十四年宋人以齊人蔡人云云伐鄭傳曰以者不以者也今傳云以重辭也何知非是一事而重不可以范注云以有二義者范以執宋公及執衛結皆是國之所重而傳云以重辭也其微人從伐者即云以者不以者也明二者意異故云以有二義○冬公伐邾○楚人使宜申來獻捷楚稱人者爲執宋公貶○捷在捷反爲于僞反【疏】注楚稱至公貶○釋曰知爲執宋公貶者以稱使知是楚子使之國君而稱人明爲執宋公貶也捷軍得也其不曰宋捷何也捷莊三十一年齊侯來獻戎捷【疏】注據至戎捷○釋曰彼傳云戎菽也則與此宋捷絕不相當而范引之者彼雖以戎爲菽終是伐得之故范引爲證也不與楚捷於宋也不以夷狄捷中國○十有二

月癸丑，公會諸侯盟于薄。會雩之諸侯會者外爲主焉爾。釋宋公外釋不志，此其志何也？以公之與之盟目之也。不言楚，不與楚專釋也。何休曰：「春秋以執之爲罪，不以釋之爲罪，責楚子專釋，非其理也。」公羊以爲公會諸侯釋之，故不復出楚耳。鄭君釋之曰：「不與楚專釋者，非以責之也。傳云外釋不志，此其志何也？以公之與之盟目之也。言公與諸侯盟而釋宋公，公有功焉，與公羊義無違錯。」○復，扶又反。

【疏】會者外爲主焉爾。○釋曰：重發之者，以釋者是公，嫌會非是外爲主，故發例以明之。

二十。二年春，公伐邾，取須句。○句，其俱反。○夏，宋公、衛侯、許男、滕子伐鄭。○秋八月丁未，及邾人戰于升陘。升陘，魯地。內諱敗，舉其可道者也。不言其人，以吾敗也。不言及之者，爲內諱也。○爲，于僞反。

【疏】不言至諱也。釋曰：不言其人，以吾敗也，謂不言邾之主名也。不言及者，爲内諱也，謂不言魯之主名也。與桓十七年解異者，觀經爲說，不可執文也。

〇冬，十有一月己巳朔，宋公及楚人戰于泓。泓，烏宏反。宋師敗績。日事遇朔曰朔。春秋三十有四戰，未有以尊敗乎卑，以師敗乎人者也。以尊敗乎卑，以師敗乎人，則驕其敵。襄公以師敗乎人，而不驕其敵，何也？責之也。泓之戰，以爲復雩之耻也。前年宋公爲楚所執。雩之耻，宋襄公有以自取之。伐齊之喪，執滕子，圍曹，爲雩之會，不顧其力之不足，而致楚成王。成王怒而執之，故曰：禮人而不荅，則反其敬；

愛人而不親則反其仁治人而不治則反其知過而不攺又之又復○知音智又如字復扶又反是謂之過襄公之謂也古者被甲嬰冑非以興國也則以征無道也豈曰以報其恥哉宋公與楚人戰于泓水之上司馬子反曰楚衆我少鼓險而擊之勝無幸焉若要而擊之必可破非僥倖也○被皮既反冑而救反司馬子反左傳作子魚要於遥反僥古堯反倖音幸【疏】司馬子反○釋曰麇信云子反當爲子夷未審范意然不○勝無幸○釋曰以小敵大恐其不若克之不名徼幸也襄公曰君子不推人危不攻人厄須其出須其出險○推如字又宅回反既出旌亂於上陳亂於下子反曰楚衆我少擊之勝無幸焉襄公

曰不鼓不成列列陳○陳直覲反須其成列而後擊之則衆敗而身傷焉七月而死何休曰即宋公身傷當言公不當言師成十六年楚子敗績是也又成十六年傳曰不言師君重于師也即成十六年是二十二年虛言也即二十二年是十六年非也鄭君釋之曰傳說楚子敗績曰四體偏斷此則目也此言君之目與手足有破斷者乃爲敗矣今宋襄公身傷耳當持鼓軍事無所害而師猶敗故不言宋公敗績也傳所以言敗衆敗身傷焉者疾其信而不道以取大辱〔疏〕七月而死○釋曰此云七月而死則是身傷不云宋公敗績者鄭玄云非四體偏斷又非傷目故依常例稱師也倍

則攻敵則戰少則守人之所以爲人者言也人而不能言何以爲人言之所以爲言者信也言而不信何以爲言信之所以爲信者道也信而不道何以爲道道之貴者時其行勢

也凱曰道有時事有勢何貴於道貴合於時何貴於時貴順於勢宋公守匹夫之狷介徒蒙恥於夷狄焉識大通之方至道之術哉○攻如字又音貢守如字又手又反狷音絹介音界焉於虔反〔疏〕焉識至術哉　釋曰老子至道之人猶曰以政治國以奇用兵今宋襄國弱於楚而行敵戰之禮故傳譏其師敗身傷注謂之不識至道之術也

二十有三年春齊侯伐宋圍閔伐國不言圍邑此其言圍何也不正其以惡報惡也前十八年宋伐齊之喪是惡也今齊乘勝而報是以惡報惡也○閔左氏作緡二十五年楚圍亦同○夏五月庚寅宋公茲父卒桓公之子襄公茲父之不葬何也失民也其失民何也以其不教民戰則是棄其師也爲人君而棄其師其民孰以爲君哉何休曰所謂教民戰者習之也春秋貴偏戰而惡詐戰宋襄公所以敗于泓者守禮偏戰也非不教其民也孔子曰君子去仁惡乎成名

造次必於是顛沛必於是未有守正以敗而惡之也公羊以爲不書葬爲襄公諱背殯出會所以美其有承齊桓尊周室之美志鄭君釋之曰教民習戰而不用是亦不教也詐戰謂不期也旣期矣當觀敵爲策倍則攻敵則戰少則守今宋襄公于泓之戰違之又不用其臣之謀而敗故徒善不用賢良不足以興霸主之功徒言不知權譎之謀不足以交鄰國會遠疆故易譏鼎折足詩刺不用良此說善也○而惡烏路反下而惡同惡乎音烏造七報反沛音貝爲襄于僞反背音佩譎音決折之設反刺七賜反

【疏】何休至善也○釋曰何休曰春秋貴偏戰者謂各守一偏而戰也鄭玄云易譏鼎折足詩刺不用良者鼎折足是鼎卦九四爻辭彼云鼎折足覆公餗其形渥凶王弼云處上體之下而又應初旣承且施非已所堪若鼎足小細而任重故折足也鼎足旣折則覆餗矣餗謂鼎之實實覆則沾渥其形以喻不勝其任身被戮辱故凶也此襄公是其事也故曰鼎折足也初已出否至四所盛則已潔矣故曰覆公餗也渥沾濡之貌也旣覆公餗體爲渥沾智小謀大不堪其任受其至辱災及其身故曰其形渥凶也鼎卦巽下離上䷱馬融云餗謂糜也詩刺不用良者謂鄭忽不能與賢人圖事以至死亡故詩作狡童揚之水二篇刺之故詩序云云狡童刺忽也不能與賢人圖事權臣擅

命也揚之水閔無臣也君子閔怨之無忠臣良士終以死亡而作是詩也○秋楚人伐陳○冬十有一月杞子卒莊二十七年稱伯今稱子蓋爲時王所黜

二十有四年春王正月○夏狄伐鄭○秋七月○冬天王出居于鄭襄王也天子以天下爲家故所在稱居天子無出出失天下也王者無外言出則有外之辭江熙曰天子必巡守然後行故河陽之守全天王之行也平王東遷其詩不能復雅而列爲國風襄王奔鄭不得全天王之行則與諸侯不異故書出也夫子祖述堯舜憲章文武斯文是作不以道假人傳言失天下關然如有未備○巡守手又反下同之行如字或下孟反下同復雅扶又反

疏注夫子至未備○釋曰舊解江熙此言明夫子之脩春秋雖憲章前代亦不可全與前代齊錄故云夫子祖述堯舜憲章文武言堯舜有巡守之禮文武有省方之制故仲尼因襄王之守全天子之行是亦祖述憲章也斯文是作不以道假人者謂若全天子之行憲章前代是不以道假借人也但襄王與諸侯不異不可復全天子之行故書

出以表之也明夫子雖欲尊王者同之先代以周德闕然未備不可同之故遂以此道借人也或以爲夫子所以書王出者祖述堯舜憲章文武斯文是作不以道借人王德既闕不可復全其行故書出以表其失天下也居者居其所也雖失天下莫敢有也邵曰雖實出奔而王者無外王之所居則成王畿鄭不敢有之以爲國○晉侯夷吾卒傳曰諸侯時卒惡之出不葬篡文公而立失德○惡烏路反篡初患反

二十有五年春王正月丙午衛侯燬滅邢燬之名何也據宣十二年楚子滅蕭不名○燬況委反不正其伐本而滅同姓也絕先祖支體尤重故名以甚之【疏】不正至姓也○釋曰衛與邢同姬姓今衛滅邢則是絕先祖支體故謂之伐本也○夏四月癸酉衛侯燬卒○宋蕩伯姬來逆婦伯姬魯女爲宋大夫蕩氏妻也自爲其子來迎婦○自爲○爲人下爲且同婦

人既嫁不踰竟宋蕩伯姬來逆婦非正也其曰婦何也緣姑言之之辭也〔疏〕不踰竟○釋曰復發傳者嫌爲求婦爲禮故發之○宋殺其大夫其不稱名姓以其在祖之位尊之也何休曰曹殺其大夫亦不稱名姓豈可復以爲祖乎鄭君釋之曰宋之大夫盡名姓禮公族有罪刑于甸師氏不與國人慮兄弟也所以尊異之孔子之祖孔父累於宋殤公而死今骨肉在其位而見殺故尊之隱而不忍稱名氏若罪大者名之而已使若異姓然此乃祖之疏也曹殺其大夫自以無大夫不稱名氏耳春秋辭同事異者甚多隱去即位以見讓莊去即位爲繼弒是復可以比例非之乎○復以扶又反下是復同甸徒徧反累方僞反去起呂反下同以見賢徧反爲繼于僞反又如字〔疏〕注祖之疏○釋曰異姓稱名疏而詳己同姓不名親而略之若名氏具備而見其疏則見異姓同非尊祖之事故曰疏之也古本或作禮之疏者言同姓與異姓不別則於禮法爲疏也理亦通耳以本不定故兩解之○秋楚人圍陳納頓子于頓

納者內弗受也圍一事也納一事也而遂言之怪其異事而辭相連有似遂事之辭蓋納頓子者陳也圍陳使納頓子【疏】蓋納頓子者陳也○釋曰案癈疾云休以爲即陳納之當舉陳何以不言陳鄭君釋之曰納頓子固宜爲楚也穀梁子見經云楚人圍陳納頓子于頓有似晉陽處父伐楚救江之文故云蓋陳也是鄭意亦同范說圍陳使納頓子也○葬衛文公○冬十有二月癸亥公會衛子莒慶盟于洮衛稱子在喪洮魯地莒無大夫其曰莒慶何也以公之會目之也小國無大夫以公與會故進之時有衛子則無敵公之嫌○與會如字一音預

二十有六年春王正月己未公會莒子衛甯速盟于向向莒地○向舒亮反公不會大夫其曰甯速何也以其隨莒子可以言會也○齊人侵我

西鄙公追齊師至巂弗及人微者也侵淺事也公之追之非正也至巂急辭也以急辭言之明不至巂○巂音攜又似兗反〔疏〕人微至辭也○釋曰文承追齊師之下即云至巂是急辭也據文與公追戎于濟西異也案莊十八年公追戎于濟西傳稱不使戎邇於我也今舉齊侵是以難近國而亦云大之也者彼以戎有徒衆故大公所追此以公之不及故亦言大之也然彼不言戎之伐我此云齊人侵我者彼是戎狄不使之近我似若望風退走然此齊是中國侵又淺事故舉之以見公追非正也弗及者弗與也弗與可以戰也及而不敢及也畏齊師其侵也曰人其追也曰師以公之弗及大之也大之謂變人言師弗及內辭也弗及者若曰我自不及耳非齊不可及○夏齊人伐我北鄙○衛人伐齊○公子遂如楚乞師乞重辭也雍曰人道施而不有

讓而不取故以乞爲重○施舒豉反〔疏〕乞重辭也○釋曰此是乞師之始故發傳以明之何重焉重人之死也非所乞也師出不必反戰不必勝故重之也○秋楚人滅夔以夔子歸夔國也不日微國也以歸猶愈乎執也〔疏〕夔國至執也釋曰滅國有三術中國日卑國月夷狄時此是夷狄之微國故從時例而傳言微國也以明之也案戎伐凡伯以歸不言執者尊天子之使不與夷狄之執今夷狄自相執經言以歸傳云猶愈乎執也者彼尊凡伯使一人當一國故變執言以歸諸侯相執以歸者例不得言執故傳云以歸猶愈乎執也明經止得言以歸○冬楚人伐宋圍閔伐國不言圍邑此其言圍何也以吾用其師目其事也非道用師也楚人出師爲魯伐齊而中道以伐宋故伐圍兼書所以責楚○爲于僞反中如字又丁仲反〔疏〕目其至師也○釋曰傳解經并言圍伐之意也言楚人爲

我伐齊而中道更伐宋故兼圍伐目其事所以責楚中道用師非訓爲責也公以楚師伐齊取穀以者不以者也民者君之本也使民以其死非其正也雍曰兵不祥之器不得已而用之安有驅民於死地以共假借之役乎○共音恭本又作供假借音嫁又古雅反下子夜反又子亦反【疏】以者不以者也○釋曰重發傳者彼據外此據內故重詳之公至自伐齊惡事不致此其致之何也危之也以蠻夷之師伐鄰近大國招禍深怨危亡之道【疏】惡事至危之也○釋曰莊六年秋公至自伐衞傳曰惡事不致此其致何也不致則無用見公惡事之成也與此文不同者互文以起義其實不異彼明惡事之成此亦明之此云危之也則彼亦危之可知也

二十有七年春杞子來朝○朝直遥反○夏六月庚寅齊侯昭卒○昭或作照非○秋八月乙未葬齊

孝公○乙巳公子遂帥師入杞○冬楚人陳侯蔡侯鄭伯許男圍宋楚人者楚子也其曰人何也人楚子所以人諸侯也其人諸侯何也不正其信夷狄而伐中國也何休曰哀元年楚子陳侯隨侯許男圍蔡不稱人明不以此故也鄭君釋之曰時晉文爲賢伯故譏諸侯不從而信夷狄也哀元年時無賢伯又何據而當貶之邪甯謂定哀之世楚彊盛故諸侯不得不從耳江熙曰夫屈信理對言信必有屈也宋楚戰于泓宋以信義而敗未有闕也楚復圍之我三人行必有我師諸侯不能以義相帥反信楚之曲屈宋之直是義所不取信曲屈直猶不可況乃華夷乎楚以亡義見貶則諸侯之不從不待貶而見也然則四國信楚而屈宋春秋屈其信而信其屈貶楚子于兵首則彼碌碌者以期見矣故曰人楚子所以人諸侯○信音申

【疏】注甯謂至諸侯○釋曰鄭云無賢伯范言楚盛者二者相接也爲當時無賢伯楚又彊盛故諸侯不得不從也案泓之戰穀梁意譏宋公江熙云宋以信義而敗未有闕者據

宋不能量敵彊弱致師敗身傷故譏之其於信義實未有所闕而楚復圍之故貶楚子也公羊以爲稱公者爲執宋公貶故終僖之篇貶之杜預解云楚以微者告並與穀梁異也○十有二月甲戌公會諸侯盟于宋地以宋者則宋得與盟宋圍解可知○與音豫疏注地以至可知○釋曰左氏之意公會諸侯盟于宋宋不與盟何休與范皆云地以缺宋則宋得與盟二傳以無晉救宋之文故與左氏異也

二十有八年春晉侯侵曹晉侯伐衛再稱晉侯忌也鄭嗣曰曹衛並有宿怨于晉君子不念舊惡故再稱晉侯以刺之○刺七賜反下文及注同○公子買戍衛不卒戍刺之刺殺也內諱殺大夫故謂之刺葢取周禮三刺之法先名後刺殺有罪也公子啟曰不卒戍者可以卒也可以卒而不卒譏在公子也刺之可也公子啟魯大夫疏公子啟曰○釋曰舊解云子啟即公子偃啟書日者啟無罪今買書時者是買

有罪也今觀上下文勢理恐不然何者此傳上云先名後刺下文云不卒戍者可卒也本非釋時日之意何爲公子啟一句獨論日月之事若以穀梁專釋經不論人語之事何爲襄二十三年傳云蘧伯玉曰不以道事其君者其出乎豈得謂蘧伯玉曰又不是人言也故知舊解非耳○楚人救衛○三月丙午晉侯入曹執曹伯畀宋人入者内弗受也日入惡入者也以晉侯而斥執曹伯惡晉侯也惡其忌怨深○畀必利反與也下及注同惡烏路反下文及注同〔疏〕入者内弗受也○釋曰前已有傳重發之者以晉文初霸嫌得入中國故發傳以明之畀與也其曰人何也不以晉侯畀宋公也畀上與下之辭故不以侯畀公哀四年夏晉人執戎蠻子赤歸于楚使楚子治其罪今執曹伯不言歸于宋而言與宋人者是使宋公拘執之○夏四月己巳晉侯齊師宋師秦師及楚人戰于城濮楚師敗績○

楚殺其大夫得臣○衛侯出奔楚○五月癸丑公會晉侯齊侯宋公蔡侯鄭伯衛子莒子盟于踐土衛稱子者時衛侯出奔國更立君非王命所加未成君故曰子踐土鄭地諱會天王也實會天王而文不言天王若諸侯自共盟然是諱之也所謂譎而不正陳侯如會如會外乎會也於會受命也外乎會不及序也受命于會故書如會○公朝于王所朝不言所言所者非其所也非京師朝〔疏〕朝不言所○釋曰公如京師亦不言朝直決不言所者如即是內朝之常文故直解不言所而已如既是常文此言朝者以其非京師故以違例言之○六月衛侯鄭自楚復歸于衛自楚楚有奉焉爾復者復中國也中國猶國中也〔疏〕楚有奉焉爾○釋曰發傳者自楚嫌與中國異也歸者歸其所也

鄭之名失國也〔疏〕鄭之名失國也○釋曰重起失國之例者以鄭非大罪故出奔不名惡其藉楚之力故入名以表失國嫌出入異故傳發之○衛元咺出奔晉○陳侯款卒○秋杞伯姬來莊公女來歸寧○公子遂如齊聘也○冬公會晉侯宋公蔡侯鄭伯陳子莒子邾子秦人于溫陳稱子在喪也諱會天王也復致天子○復扶又反○天王守于河陽河陽晉地○守音狩下同全天王之行也時實晉文公召王以臣召君不可以訓因天子有巡守之禮故以自行爲文○行如字或下孟反爲若將守而遇諸侯之朝也爲天王諱也水北爲陽山南爲陽溫河陽也日之所照曰陽○爲天王于僞反○壬申公朝於王所朝於廟禮也於外非禮也諸侯朝王王必於宗

廟受之者蓋欲尊祖禰共其榮獨公朝與諸侯盡朝也其曰以其再致天子故謹而日之主善以內目惡以外主善以內謂公朝于王所目惡以外言再致天子○朝與音餘言曰公朝逆辭也而尊天子鄭嗣曰若公朝于廟則當言公如京師而今言公朝是逆常之辭雖逆常而曰公朝王所是尊天子【疏】而尊天子○釋曰公若朝於廟當云如也今逆常故言朝也朝雖逆常之辭言公朝於王所仍是敬王室之事故云而尊天子會于溫言小諸侯溫河北地以河陽言之大天子也溫河陽同耳小諸侯故以一邑言之尊天子故以廣大言之○日繫於月月繫於時壬申公朝于王所其不月失其所繫也以爲晉文公之行事爲已傎矣以臣召君傎倒上下日不繫于月猶諸侯不宗于天子○傎都田反倒丁老反○晉人執

衛侯歸之于京師此入而執其不言入何也不外王命於衛也入者自外來伯者以王命討衛衛王之士故曰不外王命歸之于京師緩辭也斷在京師也辭閒容之故言緩○斷丁亂反

疏緩辭也○釋曰據成十五年晉侯執曹伯歸于京師不言之

○衛元咺自晉復歸于衛自晉晉有奉焉爾復者復中國也歸者歸其所也

疏晉有奉焉爾○釋曰又發傳者嫌霸者與凡諸侯異

○諸侯遂圍許會溫諸侯許比再會不至故共圍之遂繼事也繼事會于溫而圍許

○曹伯襄復歸于曹三月爲晉侯所執今方歸復者復中國也天子免之因與之會其曰復通王命也免之于宋身未反國因會于許即從反國之辭通王命遂會諸侯圍許遂繼事也

二十有九年春介葛盧來介國也葛盧微國之君未爵者也其曰來卑也○介音界國名 疏 其曰來卑也○釋曰據莊五年郳犂來來朝亦未得爵命而稱朝此謂卑賤之故有言來矣襄十八年白狄來注云不言朝者不能行朝禮是也

○公至自圍許○夏六月公會王人晉人宋人齊人陳人蔡人秦人盟于翟泉翟泉某地 疏 公會至翟泉○釋曰左氏以爲王人者王子虎爲下盟列國晉人云云者狐偃等爲上敵公侯皆貶之稱人何休注公羊云晉文德衰故微者往會今穀梁既無傳注或如何說王人以下皆是微也

○秋大雨雹雹者陰脅陽臣侵君之象陽氣之在水雨則温熱陰氣薄而脅之不相入轉而成雹○雨于付反雹蒲學反

○冬介葛盧來

三十年春王正月○夏狄侵齊○秋衛殺其

大夫元咺稱國以殺罪累上也以是爲訟君也元咺訟君之罪于伯者君忌之使人殺之而後入案宣九年陳殺其大夫泄冶傳曰稱國以殺其大夫殺無罪也此傳曰稱國以殺罪累上也凡稱國以殺大夫或殺無罪或罪累上參互不同略當近半然則稱國以殺有二義泄冶忠賢而君殺之是君無道也衛侯雖有不德臣無訟君之道元咺之罪亦已重矣然君子之道譬之于射失諸正鵠反求諸身衛侯不思致訟之愆躬自厚之義過而不改而又怨忌上下皆失故曰罪累上○累劣僞反泄息列反冶音也近半附近之近正音征鵠古毒反愆起虔反

疏以是爲訟君也○釋曰元咺訟君則是臣之罪復言累上者以上下俱失嫌衛殺無罪故加累上之文也衛侯得書復歸者復歸非全善之辭衛侯既委罪元咺故得復歸之稱○注有二義釋曰言有二義者謂傳言殺無罪也即是罪全在君傳云罪累上也即上下俱失故云有二義

衛侯在外其以累上之辭言之何也待其殺而後入也及公子瑕公子瑕累也以尊及卑也○衛

侯鄭歸于衛徐邈曰凡出奔歸月執歸不月者齊則國更立主若故君還入必有戰爭禍害所以謹其文執者罪名未定其國猶追奉之歸無犯害故例不月○戰爭爭鬬之爭○晉人秦人圍鄭○介人侵蕭○冬天王使宰周公來聘天子之宰通於四海疏天子至四海○釋曰復發傳者葵丘會也此則聘也嫌異故重發之○公子遂如京師遂如晉以尊遂乎甲此言不敢叛京師也何休曰大夫無遂事案宣十二年季孫宿救台遂入鄆惡季孫不受命而入也如公子遂受命如晉不當言遂鄭君釋之曰遂因公受命如京師如晉不專受命如周經近上言天王使宰周公來聘故公子遂報焉因聘于晉尊周不敢使並命使若公子遂自往然即云公子遂如京師如晉是同周于諸侯叛而不尊天子也公羊傳有美惡不嫌同辭何獨不廣之於此乎甯謂經同而傳異者甚衆此吾徒所以不及古人也○台土來反又音臺鄆音運惡季孫烏路反美惡烏路反又如字疏遂乎甲○釋曰傳言此者遂是繼事之辭以辭有善

惡故傳分明別之也

三十有一年春取濟西田曹田○公子遂如晉

○夏四月四卜郊謂之郊者天人相與交接之意也不言郊天者不敢斥尊也昔武王既崩成王幼少周公居攝行天子事制禮作樂終致太平周公薨成王以王禮葬之命魯使郊以彰周公之德祭蒼帝靈威仰昊天上帝魯不祭○少詩照反大音泰【疏】注謂之至不祭○釋曰范惟言天人相與交接故謂之郊字既從郊或當亦在南郊就陽位而祭也昔武王既崩云云尚書有其事制禮作樂云云者禮記文祭蒼帝靈威仰昊天上帝魯不祭者是鄭玄之說鄭以春秋說元命包云紫微爲大帝大微爲天庭五帝合明又文耀鉤云蒼帝春受制其名靈威仰赤帝夏受制其名赤熛怒黃帝受制王四季其名含樞紐白帝秋受制其名白招矩黑帝冬受制其名汁光紀是紫微宮者五方帝故鄭以周與魯夏正郊天者祭靑帝靈威仰之帝冬至祭天於圓丘者祭天皇大帝魯不得祭之故范亦同之耳然三王之郊一用夏正魯不然者以天子得冬至祭天皇大帝故郊所感之帝皆以夏正爲之魯不得冬至祭天故博卜

三正從周正月至於三月皆是郊之時也月各一卜故云三卜禮也四月非時故云四卜非禮也左氏以爲禮不卜常祀郊既魯之常祀故一卜亦爲非禮公羊以爲天子不卜郊魯郊非常禮故卜之求吉之道不過三故三卜禮也四卜非禮也是三傳各異其用牲也何休以爲郊天牛角繭栗三望之牛角尺其文出於稽命徵其祀也郊祭則焚燎山則升水則沉猶三望公羊以爲三望泰山河海賈逵杜預之徒注左氏者皆以爲分野星國中山川今范同鄭玄之説取禹貢之文以爲淮海岱也

不從乃免牲猶三望鄭君曰望者祭山川之名也謂海也岱也淮也非其疆界則不祭禹貢曰海岱及淮惟徐州徐魯地

夏四月不時也郊春事也

四卜非禮也郊春事四卜則入夏

免牲者爲之緇衣纁裳有司玄端奉送至于南郊免牛亦然玄端黑衣接神之道玄纁者天地之色也南郊天位歸之于陽也全曰牲傷曰牛牛有變而不郊故卜免牛○纁許云反（疏）注全曰至免牛○釋曰哀元年傳文也

乃者亡乎人之辭也亡乎人若曰無賢人也凱曰其猶易稱闚其戶

閭其無人詩云巷無居人譏僖公不共致天變○閭苦鵙反共音恭本亦作恭猶者可以已之辭也望郊之細也不郊無望可也已止也○秋七月○冬杞伯姬來求婦婦人既嫁不踰竟杞伯姬來求婦非正也

〔疏〕求婦非正也○釋曰重發傳者嫌國君之妻異故明之

○狄圍衛○十有二月衛遷於帝丘帝丘衛地

三十有二年春王正月○夏四月己丑鄭伯捷卒○捷在接反○衛人侵狄○秋衛人及狄盟○冬十有二月己卯晉侯重耳卒晉自莊公已前不書于春秋又不言文公之入及鄭忽之殺何乎徐邈通之曰案詩序及紀年史記晉昭公之後大亂五世又鄭忽之後有子亹子儀且事出記傳而經所無殊多誠當有不告故不書者諸侯有朝聘之禮赴告之命所以敦其交好通其憂虞若鄰國相望而情志

否隔存亡○禍福不以相關則它國之史無由得書故告命之事絕則記注之文闕此蓋內外相與之常也魯政雖陵遲而典刑猶存史策所錄不失常法其文獻之實足徵故孔子因而脩之事仍本史而辭有損益所以成詳略之例起襃貶之意若夫可以寄微旨而通王道者存乎精義窮理不在記事少多此蓋脩春秋之本旨師資辯說日用之常義故穀梁子可不復發文而體例自舉矣○重直龍反亹亡匪反朝聘直遥反好呼報反否備矣反注張住反不復扶又反

【疏】注師資辯說○釋曰師者教人以不及故謂師爲師資也日用者易繫辭文也

三十有三年春王二月秦人入滑滑國也○齊侯使國歸父來聘○夏四月辛巳晉人及姜戎敗秦師于殽不言戰而言敗何也狄秦也其狄之何也秦越千里之險入虛國滑無備故言虛國○殽戶交反進不能守退敗其師徒亂人子女之教

無男女之別秦之爲狄自殽之戰始也明秦本非夷狄○別彼列反【疏】進不至始也○釋曰舊解進不能守謂入滑而去退敗其師謂敗於殽也亂人子女謂入滑之時縱暴亂也本或別進字者

秦伯將襲鄭百里子與蹇叔子諫曰千里而襲人未有不亡者也秦伯曰子之冢木已拱矣何知子之蹇皆已老死矣拱合抱也言其老無知○百里子如字或作伯誤也蹇紀輦反拱九勇反合手曰拱師行百里子與蹇叔子送其子而戒之曰女死必於殽之巖唫之下其處險隘一人可以要百人○女音汝下及注同唫本作崟音吟一音欽處昌慮反隘於懈反要百於遥反下文要而擊之同我將尸女於是尸女者收女尸師行百里子與蹇叔子隨其子而哭之秦伯怒曰何爲哭吾師也二

子曰：非敢哭師也，哭吾子也。我老矣，彼不死則我死矣。畏秦伯怒，故云彼我要有死者。晉人與姜戎要而擊之殽，匹馬倚輪無反者。倚輪，一隻之輪。○倚，居宜反，或於綺反。晉人者，晉子也。其曰人，何也？微之也。何爲微之？不正其釋殯而主乎戰也。○癸巳，葬晉文公。曰葬，危不得葬也。○狄侵齊。○公伐邾，取訾樓。○訾，子斯反。○秋，公子遂帥師伐邾。○晉人敗狄于箕。箕，晉地。○冬十月，公如齊。十有二月，公至自齊。○乙巳，公薨于小寢。小寢，內寢。小寢，非正也。非路寢。

【疏】小寢非正也○釋曰：傳發此例者，以隱公不地，桓公非正。今僖公雖卒而沒於婦人之手，故發傳以惡之。

也○隕霜不殺草京房易傳曰君假與臣權 隕霜不殺草○隕云敏反未可殺而殺舉重也可殺而不殺舉輕也重謂菽也 輕謂草也輕者不死則重者不死可知○李梅實京房易傳曰從叛者茲謂不明厥妖木冬實實之爲言猶實也實 子○晉人陳人鄭人伐許

監本春秋穀梁注疏僖公卷第九

盧宣旬校

清嘉慶二十年重栞
用文選樓藏本校

新建縣知縣鄭祖琛
浮梁縣知縣劉丙　同栞

穀梁注疏卷九挍勘記

阮元撰盧宣旬摘錄

二十年 僖公

故不言閟宮而云西宮 閩監本同毛本上宮誤公

二十有一年

役傳云戎菽也 閩監毛本役作彼是也

二十有二年 此本閩監毛本脱有字石經作廿有二年

春秋三十有四戰 閩監毛本同石經三十作卅剜滅○按段玉裁云説文十部曰廿二十并也古文省如卅三十并也古文省按廿讀如入卅讀如颯秦刻石文多如是并爲一字則不得讀爲兩字

旌亂於上 石經閩本同監毛本脱亂字

二十有三年

桓公之子襄公　閩本同監毛本脱此注

茲父之不葬　閩本同監毛本脱茲父之三字案閩監毛本前條桓公上例有注字此茲父上例有傳字計共脱十一字

二十有五年　此本閩監毛本脱有字石經作廿有五年

爲宋大夫蕩氏妻也　閩毛本同監本妻誤姜不成字

以其在祖之位　漢書梅福傳引無之字

是復可以比例非之乎　閩本同監毛本比誤此

二十有六年

秋楚人滅夔　石經閩本同監毛本人誤子

其實不異　閩本同監本異誤興毛本誤與

二十有七年

諸侯不能以義相帥 案上文云必有我師帥是師之誤字

二十有八年

晉侯齊師宋師秦師及楚人戰于城濮 閩監毛本同石經齊師作齊侯

衞王之士 閩本同監毛本士作土當不誤

二十有九年

故有言來矣 閩監毛本同何校本有作直當不誤

白秋來 秋當作狄閩監毛本不誤

三十有一年

其名含樞紐 閩監毛本同何校本紐作紐是也

其名汁光紀　閩監毛本同何校本汁作叶是也

故博卜三正　閩本同案博當轉之懷字監毛本作傳亦非

三十有二年

則記注之文　閩本同監毛本注作註釋文出記注○案古人用記註字多從言與傳注字作注不同說詳左傳挍勘記

穀梁注疏卷九挍勘記終　寧都李楨挍

監本春秋穀梁注疏文公卷第十 起元年盡八年

范甯集解　楊士勛疏

文公○襄王二十六年即位名興 疏 魯世家文公名興僖公之子以襄王二十六年即位謚法慈惠愛民曰文

元年春王正月公即位繼正即位正也繼正謂繼正卒也隱去即位以見讓桓書即位示安忍莊閔僖不言即位皆繼弑○去起呂反見賢徧反弑申志反○二月癸亥日有食之○天王使叔服來會葬諸侯喪天子使大夫會葬禮也傳例曰天子大夫稱字蓋未受采邑故不稱氏字者貴稱故可獨達也○貴稱尺證反 疏 諸侯至達也○釋曰范云傳例者非正例推以知之定十四年傳曰天子之大夫不名隱七年凡伯來聘傳曰凡伯者何也天子之大夫也又九年南季來聘傳曰南氏姓也季字也是天子之大夫稱字據傳文可知故亦得云傳例也

葬

曰會言會明非一人之辭其志重天子之禮也【疏】重天子之禮也○釋曰五年毛伯來會葬會葬之禮於鄙上此叔服來會葬云其志重天子之禮也者舊解以爲叔服在葬前至先鄉魯國然後赴葬所毛伯以喪服發後始來先之竟上然始至魯國故傳釋有異辭也或當此釋書之所由故云重天子之禮也彼解會葬之處故云於鄙上二者互言之未必由先後至理亦通也○夏四月丁巳葬我君僖公薨稱公舉上也葬我君接上下也僖公葬而後舉謚謚所以成德也於卒事乎加之矣【疏】薨稱至加之矣○釋曰重發傳者桓不以禮終僖則好卒二者既異故傳詳之○天王使毛伯來錫公命毛采邑伯字也天子上大夫也○錫星歷反采地音菜地本又作邑禮有受命無來錫命錫命非正也【疏】禮有至正也○釋曰重發傳者桓則薨後見錫此則即位見錫嫌其得正故傳發之○晉侯伐衛○叔

孫得臣如京師○衛人伐晉○秋公孫敖會晉侯于戚禮卿不得會公侯春秋尊魯內卿大夫可以會外諸侯戚衛地○戚倉寂反【疏】注內卿至衛地○釋曰內卿大夫可以會外諸侯者下二年傳文不於此發例者伯者至尊大夫不可以會但春秋內魯故無譏文以失禮深傳不可云得會至於三年垂斂之會則是凡常諸侯禮雖不達人情通許故發內大夫可以會外諸侯之例○冬十月丁未楚世子商臣弒其君髡鄭嗣曰商臣繆王也髡文王之子成王也不言其父而言其君者君之於世子有父之親有君之尊言世子所以明其親也言其君所以明其尊也商臣於尊親盡矣○弒其申志反傳同髡苦門反日髡之卒所以謹商臣之弒也夷狄不言正不正徐乾曰中國君卒正者例日篡立不正者不日夷狄君卒皆略而不日所以殊夷夏也今書日謹識商臣之大逆爾不以明髡正與不正○篡初患反夏戶雅反識如字又申志反【疏】夷狄至不正○釋曰傳言此者以夷狄之弒有日與不日嫌同中國故分明別

之○公孫敖如齊

二年春王二月甲子晉侯及秦師戰于彭衙彭衙秦地○衙音牙秦師敗績○丁丑作僖公主作爲也爲僖公主也爲僖公廟作主也主蓋神之所馮依其狀正方穿中央達四方天子長尺二寸諸侯長一尺○爲僖公廟于僞反馮皮冰反長尺直亮反又如字下同立主喪主於虞禮平旦而葬日中反而祭謂之曰虞其主用桑吉主於練期而小祥其主用栗作僖公主譏其後也僖公薨至此已十五月作主壞廟有時日於練焉壞廟壞廟之道易檐可也改塗可也禮親過高祖則毀其廟以次而遷將納新神故示有所加○壞音怪下同檐以占反

疏 作爲至可也○釋曰僖二十年新作南門傳曰作爲也有加其度也彼傳意言作所以爲譏則此作亦譏可知故下傳云作僖公主譏其後也案莊公之喪已

二十二月仍譏其爲吉禘今方練而作主猶是凶服而曰吉主者三年之喪至二十五月猶未合全吉故公子遂有納幣之譏莊公喪制未二十五月而禘祭故譏其爲吉此言吉者比之虞主故爲吉也此雖爲練作之主終入廟以辨昭穆故傳以吉言之然作主在十三月壞廟在三年喪終而傳連言之者此主終入廟入廟即易檐以事相繼故連言之非謂作主壞廟同時也或以爲練而作主之時則易檐改塗故此傳云於練壞廟於傳文雖順舊説不然故不從之直記異聞耳糜信引衛次仲云宗廟主皆用栗右主八寸左主七寸廣厚三寸若祭訖則内於西壁埳中去地一尺六寸右主謂父也左主謂母也何休徐邈並與范注同云天子尺二寸諸侯一尺狀正方穿中央達四方是與衛氏異也其藏之也白虎通亦云藏之西壁則納之西壁中或如衛説去地高下則無文以明之何休又云謂之虞者親喪已入壙皇皇無所見求而虞事之虞猶安也虞主用桑者桑猶喪也取其名與其粗觕所以副孝子之心練主用栗者謂既埋虞主於兩階之間易用栗木爲主取其戰栗故用栗木爲主又引士虞記曰桑主不文吉主皆刻而謚之蓋爲禘時别昭穆也徐邈注穀梁盡與之同范亦當不異也

○三月乙巳，及晉處父盟。晉大夫陽處父〔疏〕

注晉大夫陽處父○釋曰經不言陽注知之者以下有晉殺其大夫陽處父故也**不言公處父伉也爲公諱也**諱公與大夫盟去處父氏公親如晉使若與甚君盟如經言邾儀父矣不書地者公在晉也莊二十二年秋七月丙申及齊高傒盟于防不去高傒氏者公不親如齊不與其君盟於恥差降○伉苦浪反爲公于僞反去處父起呂反下同傒音兮差初賣反又初佳反**何以知其與公盟以其日也何以不言公之如晉所恥也出不書反不致也**疏何以至不致也○釋曰傳決不言公者據隱公八年九月辛卯公及莒人盟于包來言公也彼傳云可言公及人不可言公及大夫故此沒公彼存公也莊二十二年及齊高傒盟于防傳曰不言公高傒伉也彼已有傳此又重發者高傒存氏今處父去族嫌異故重發之傳不於高傒發日以明公存者二者理同此又須辨公不言如晉意也故就此一一發之後注云書日則公盟也是亦意同之事也傳又云出不書反不致也者以致者必有出出者不必致今出既不書故反亦不致也

○夏六月公孫敖會宋公

陳侯鄭伯晉士穀盟于垂斂垂斂鄭地○穀戶木反本又作㝅九年同斂如字左氏作垂隴內大夫可以會外諸侯○自十有二月不雨至于秋七月建午之月猶未爲災歷時而言不雨文不憂雨也僖公憂民歷一時輒書不雨今文公歷四時乃書是不勤雨也〔疏〕歷時至雨也○釋曰傳發之者以僖公憂民之情急故備書之今文公繼父之業無志於民故略書之以二者既異故傳分而別之莊三十一年冬不雨不發傳者以一時不雨輕故也下十年十三年意亦與此同故省文不發之不憂雨者無志乎民也無恤民志○八月丁卯大事于大廟躋僖公大事祫也時三年之喪未終而吉祭於大廟則其譏自明○大廟音泰注及傳大祖同躋子兮反升也祫戶夾反下及注皆同〔疏〕注大事至自明○釋曰舊解范云其譏自明者謂吉禘於莊公書吉此大事于大廟不書吉者以同未滿三年前已書吉則此亦同譏故云其譏自明此解取杜預之意也然杜云其譏已明故得以吉禘並

之范云其譏自明焉知遠比吉禘蓋范意以喪制未終不待譏責其惡足顯故云自明也禘祫之禮俱在廟序昭穆所以爲制異者公羊傳稱五年再殷祭何休云謂三年祫五年禘禘所以異於祫者禘則功臣皆祭也祫則合食於大祖而已是何休意祫則三年禘則五年也范於閔二年注同杜預以禘爲三年之祭必不得與何休同也公羊云五年再殷祭禘既三年蓋祫則五年也若然祫在五年而云三年之喪未禘者據時三年未終而爲祫祭故以三年言之不謂祫祭亦在三年也或以爲禘祫同三年但禘在夏祫在秋直時異耳於范注不妨但與公羊五年再殷祭違也何休又云天子特禘特祫諸侯禘則不祫祫則不嘗大夫有賜於君然後祫其高祖然諸侯禘則不礿或如何說云大夫有祫恐其不然公羊亦以此大事于大廟爲祫祭杜解左氏以大事爲禘與穀梁異

大事者何大是事也著祫嘗祫合也嘗秋祭祫祭者毁廟之主陳于大祖未毁廟之主皆升合祭于大祖祫祭者皆合祭諸廟已毁未毁者之主於大祖廟中以昭繆爲次序父爲昭子爲穆昭南鄉繆北鄉孫從王父坐也祭畢則復還其廟○昭繆音韶穆下及傳同鄉

音向下同躋升也先親而後祖也逆祀也舊說僖公閔公庶兄故文公升僖公之主於閔公之上耳僖公雖長已爲臣矣閔公雖小已爲君矣臣不可以先君猶子不可以先父故以昭穆父祖爲喻嘗曰即之於傳則無以知其然若引左氏以釋此傳則義雖有似而於文不辨高宗殷之賢主猶祭豐于禰以致雉雊之變然後率脩常禮文公傎倒祖考固不足多怪矣親謂僖祖謂莊○長丁丈反先悉薦反下同禰乃禮反雊古豆反雉鳴也傎倒丁田反下丁老反逆祀則是無昭穆也無昭穆則是無祖也無祖則無天也故曰文無天無天者是無天而行也祖人之始也人之所仰天也君子不以親親害尊尊此春秋之義也尊卑有序不可亂也（疏）大事至義也○釋曰大是事也者祫是祭之大者故云大是事也著祫嘗者謂以大事言之著明是祫嘗之祭也嘗連言者祫必在秋故連嘗言之然周之八月夏之六月而云著祫嘗者蓋月却節前已得立秋之節故也先親而後祖親謂僖公祖謂閔公也

僖繼閔而立猶子之繼父故傳以昭穆祖父爲喻此於傳文不失而范氏謂莊公爲祖其理非也何者若范云文公傎倒祖考則是僖在於莊上謂之夷狄猶自不然況乎有道之邦豈其若是明范說非也則無天也謂天道先尊而後親今亂其上下不仰法天也此春秋之義也者以嫌疑之間須取聖證故也○冬晉人宋人陳人鄭人伐秦○公子遂如齊納幣喪制未畢而納幣書非禮

三年春王正月叔孫得臣會晉人宋人陳人衛人鄭人伐沈沈潰沈國也潰之爲言上下不相得○沈音審潰戶內反○夏五月王子虎卒叔服也此不卒者也外大夫不書卒何以卒之以其來會葬我卒之也會葬在元年疏何以卒之釋曰重發之者尹氏則以爲魯主此爲會葬事異故重發之或曰以其嘗執重以守也僖二十四年天王出居于鄭叔服執重任以守國○守手又反○秦人伐晉○

秋，楚人圍江。○雨螽于宋。外災不志，此何以志也？曰：災甚也。其甚奈何？茅茨盡矣。茅茨猶盡，則嘉穀可知。茨，蒺藜。○雨螽，于付反，下同。下音終。茨，在思反，茅草也。

疏　外災不志。○釋曰：外災不志重發之者，志災或爲王者之後，或爲甚而錄之，故不得一例危之。○注「茨，蒺藜」。○釋曰：徐邈云：「不稼既盡，又食屋之茅茨。」今范云「茨，蒺藜」，則與徐異也。公羊與考異郵皆云：螽死而墜於地。故何休云：「螽猶衆也，死而墜者，象宋羣臣相殘害也。」云云上下異之云爾。今穀梁直云「茅茨盡矣，著於上，見於下，謂之雨」，與讖違，是爲短。鄭立云：穀梁意亦以宋德薄，後將有禍，故螽飛在上，墜地而死。言茅茨盡者，著甚之驗，於讖何錯之有乎？是鄭意以雨螽於宋亦爲將禍之應也。

著於上，見於下，謂之雨。○見，賢偏反。○冬，公如晉。○十有二月己巳，公及晉侯盟。○晉陽處父帥師伐楚救江。此伐楚，其言救江何也？江遠楚近，伐楚所以救

江也時楚人圍江晉師伐楚楚國有難則江圍自解○難乃旦反解音蟹又古買反

四年春公至自晉○夏逆婦姜于齊其曰婦姜爲其禮成乎齊也婦禮成于齊故在齊便稱婦○爲于僞反其逆者誰也親逆而稱婦或者公與何其速婦之也鄭嗣曰皆問者之辭問者以使大夫逆例稱女而今稱婦爲是公親逆與恠稱婦速故反覆推之○公與音餘注同反覆芳服反曰公也其不言公何也據莊二十四年公如齊逆女言公非成禮於齊也非責曰婦有姑之辭也其不言氏何也貶之也何爲貶之也夫人與有貶也邵曰夫人能以禮自防則夫婦之禮不成於齊故譏公而夫人與焉○與音豫注同貶彼檢反

疏其曰婦至貶也○釋曰宣元年已有傳今復深發之者彼書夫人此直云婦姜嫌文異也故彼此明之以彼稱夫人又書至此不然者公羊傳

曰其謂之逆婦姜于齊何娶於大夫者略之也徐邈亦以爲不書至不稱夫人下娶賤略之若以諸侯下娶大夫便爲略賤則大夫亦不得上娶諸侯且天子得下婚諸侯何爲諸侯不得下娶大夫是公羊之言不可以解此也蓋不稱夫人不言至者以其婦禮成於齊故異於餘稱傳云夫人與有貶也者解不稱氏之意非釋不稱夫人也○狄侵齊○秋楚人滅江○晉侯伐秦○衛侯使甯俞來聘○俞羊朱反○冬十有一月壬寅夫人風氏薨僖公母風姓

五年春王正月王使榮叔歸含且賵含口實也禮記曰飯用米貝弗忍虛也諸侯含用玉榮叔天子之上大夫也榮采地叔字○含戶暗反釋舊作晗賵芳鳳反飯扶晚反【疏】注含口至叔字○釋曰飯用米貝不忍虛也禮記檀弓文諸侯含用玉禮緯文也含一事也賵一事也兼歸之非正也禮含賵襚各異人○襚音遂【疏】注禮含至異人釋曰知各異人者雜記稱諸侯之喪有賵者有含者有襚者又此傳云兼歸之非正也明天子於諸侯含襚常各異使也

其曰且志兼也其不言來不周事之用也何休曰四年夫人風氏薨九年秦人來歸僖公成風之襚最晚矣何以言來鄭君釋之曰秦自敗于殽之後與晉爲仇兵無休時乃加免繆公之喪而來君子原情不責晚用或作辭○殽戸交反

賵以早乘馬曰賵乘馬所以助葬成風未葬故書早○乘繩證反下同

而含已晚已殯故言晚國有遠近皆令及事理不通也禮雜記曰含者執璧將命曰寡君使某含相者入告出曰孤某須矣含者入升堂致命子拜稽顙含者坐委於殯東南有葦席既葬蒲席降出反位明君之於臣有含賵之義所以助喪盡恩含不必用示有其禮○令力呈反相息亮反稽顙音啓下息黨反葦于鬼反

【疏】注已殯至其禮○釋曰舊解以爲傳與雜記違者傳言含賵上關天子之於諸侯及夫人耳雜記所云唯論諸侯自相於不是天子施於諸侯之事故彼既殯猶致含此則責其晚也何者諸侯及夫人於天子生有朝覲之好有疾則當告於天子天子遣使問之有喪則致含無則止矣故未殯以來足以及事今天子歸賵大早歸含大晚故譏之其諸侯相於有疾未必相告比殯以來道遠者容其不至故示其禮而已不責其晚也以事既有殊譏亦有異今恐不

然何者范云國有遠近皆令及事理不通也則是傳之不通故引記文爲證何得云天子與諸侯禮異是舊說妄耳又云明君之於臣云云者證君之於臣有賵含之義不必皆用也案鄭釋廢疾云天子於二王後之喪含爲先襚次之賵次之餘諸侯含之賵之小君亦如之於諸侯之臣襚之賵之其諸侯相於如天子於二王之後於卿大夫如天子於諸侯於士如天子於諸侯之臣京師去魯千里王室無事三月乃含故不言來以譏之是鄭意亦以譏王含晚也范前注引鄭釋似將傳爲是後注取彼記文則以傳非者范以何休取秦人來歸僖公成風之襚爲難非類故上注取鄭釋以排之下注既以傳爲非故引雜記之文爲證二注並不取鄭君非王含晚之說益明范云傳爲非也

○三月辛亥，葬我小君成風。王使毛伯來會葬。會葬之禮於鄙上。從竟至墓主爲送葬來○竟音境爲于僞反

（疏）毛伯來會葬○釋曰左氏公羊及徐邈本並云召伯此本作毛伯疑誤也

○夏，公孫敖如晉。○秦人入鄀。鄀音若

○秋，楚人滅六。○冬十月甲申，許男業卒。

六年春，葬許僖公。○夏，季孫行父如陳。行父，季友孫。疏注「行父，季友孫」。○釋曰：世本季友生仲無佚，佚生行父是也。○秋，季孫行父如晉。○八月乙亥，晉侯驩卒。○驩，好官反。○冬十月，公子遂如晉。○葬晉襄公。○晉殺其大夫陽處父。稱國以殺，罪累上也。襄公已葬，其以累上之辭言之，何也？君漏言也。上泄則下闇，下闇則上聾，且闇且聾，無以相通。臣闇不言，君無所聞，上下否塞。○累，劣僞反，下同，或如字。泄，息列反，又以制反。聾，魯公反。疏傳「襄公已葬」。○釋曰：徐邈解「襄公已葬」謂春秋之例，君殺無罪之大夫，則是失德，不合書葬。今襄公書葬，則是無罪，而以累上之辭言之者，以襄公漏泄陽處父之言故也。舊解亦云襄公罪輕，故不追去葬文。今以爲傳云「襄公已葬」者，謂卒哭日久，葬在前，殺在後，是罪累不合及君，故起累上之問非是釋合書葬以否射姑殺者也殺處父○左氏作射姑射姑之殺奈何曰晉將與狄戰使狐夜姑爲將軍趙盾佐之陽處父曰不可古者君之使臣也使仁者佐賢者不使賢者佐仁者今趙盾賢夜姑仁其不可乎邵曰賢者多才也戰主于攻伐仁者有惻隱之恩不如多才者有權略○盾徒本反攻如字又音貢惻初力反襄公曰諾謂夜姑曰吾始使盾佐女今女佐盾矣稱處父語以語之故傳曰漏言也○女音汝語魚慮反夜姑曰敬諾襄公死處父主竟上事待諸侯會葬在鄙上○竟音境射姑使人殺之君漏言也親殺者夜姑而歸罪於君明由君言而殺之罪在君也故稱君以殺

疏注親殺至以殺○釋曰兩下相殺不志乎春秋今雖是射姑之殺罪君漏言故稱國

以殺故士造辟而言詭辭而出辟君也詭辭而出不以實告人○造七報反辟必亦反君也注同詭九委反曰用我則可不用我則無亂其德此士對君言之辭○晉狐夜姑出奔狄○閏月不告月猶朝于廟禮天子以十二月朔政班告于諸侯諸侯受於禰廟孝子尊事先君不敢自專也言朝者緣生以事死親存朝朝莫夕不敢泄凟鬼神故事畢感月始而朝之○猶朝直遥反注及下同朝朝上如字下直遥反莫音慕泄息列反

疏釋曰周禮太史班告朔于邦國鄭玄云天子班朔於諸侯諸侯藏之祖廟至朔日朝於廟告而受行之論語云子貢欲去告朔之餼羊是告朔用特羊言廟鄭云祖廟范言禰廟者以無正文各以意說或祖或禰通言之耳何休亦云藏於祖廟使大夫南面奉天子命君北面而受之是亦受政之事也凡告朔之禮因聽視此月之政故謂之視朔謂之聽朔也其朝廟之孝子緣生以事死因告朔在廟故感月始而亦享祭宗廟故亦謂之朝享其歲首謂之朝正也據玉藻及祭法之文則天子聽朔於明堂朝享自祖考以下五廟諸侯則聽朔於大廟

朝享自皇考以下三廟也公羊傳稱閏月曷爲不告朔天無是月也閏月矣何以謂之天無是月非常月也此傳云閏月者附月之餘日也天子不以告朔而喪事不數公羊穀梁皆以爲閏月不合告朔左氏傳云不告閏朔棄時政也何以爲民主則閏月當告朔與二傳異也案哀五年閏月葬齊景公公羊傳意以爲并閏此傳云喪事不數也者閏月不告朔二傳雖同其於喪事數與不數其意又異也范氏别例云書不告朔有三皆所以示譏耳則此文一也公四不視朔二也襄二十九年公在楚三也公既在楚則是不告朔故亦以爲一注又云不敢泄鬼神解生則朝朝莫夕死則每月始朝之意也

不告月者何也不告朔也不告朔則何爲不言朔也閏月者附月之餘日也積分而成於月者也一歲三百六十日餘六日又有小月六積五歲得六十日而再閏積衆月之餘分以成此月

［疏］注一歲至此月○釋曰古今爲厤者皆云周天有三百六十五度四分度之一日之行天一日一夜行一度故謂一度爲一日一歲十二月唯有三百六十日是餘五日四分日之一也又月一大一小則一年之間又有六日并

言之則一歲有十二日故積五歲得六十日此皆大率而言其實一年不得有十二日范不如厤法細計之故云五歲得六十日也

天子不以告朔而喪事不數也閏是叢殘之數非月之正故吉凶大事皆不用也不數所右也○叢徂洪反

猶之爲言可以已也郊然後三望告朔然後朝廟俱言猶義相類也既廢其大而行其細故譏之

疏猶之至已也○釋曰重發傳者前爲三望發此是朝廟嫌異故重明之范例猶有五等發傳者三僖三十一年猶三望獨發傳者據始也宣三年不發傳者從例也成七年亦不發傳者亦爲從例可知也此年發傳者朝與三望異也宣八年發傳者嫌仲遂有罪得不廢禮又繹祭與朝廟禮異故也

七年春公伐邾三月甲戌取須句取邑不日

此其日何也據僖二十六年公伐齊取穀不日○句其俱反**不正其再取**

故謹而日之也僖二十二年公已伐邾取須句過而不改於此爲甚故錄日以志之

疏

不正至日之也○釋曰哀元年冬仲孫何忌帥師伐邾二年王二月季孫斯云云帥師伐邾取漷東田及沂西田彼比年伐邾而取兩邑經不書日今僖之與文父子異人特言謹而日之者以文公是不肖之君緩主逆祀取邑致討不得序列於諸侯譏其過而不改故錄日以見惡僖雖伐邾纔始一度又是作頌賢君故與文異也

遂城郚。遂，繼事也。因伐邾之師。○郚音吾

○夏四月，宋公王臣卒。○王臣或作王臣

○宋人殺其大夫。稱人以殺，誅有罪也。〔疏〕宋人殺其大夫○釋曰公羊以爲三世內娶使若無大夫故不書名左氏以爲無罪故不書名今此傳直云稱人以殺誅有罪也則謂此被殺者爲有罪故稱人以殺仍未解不稱名所由案僖二十五年宋殺其大夫傳曰其不稱名姓以其在祖之位尊之也此傳云誅有罪也又經稱宋人則與彼異蓋成公王臣新卒昭公杵臼未即位國內無君故不稱名氏從未命大夫例故八年鄭釋廢疾亦以此爲無君若然兩下相殺春秋不書又不得言其其此書殺大夫而云無君者以受命於嗣天子是以言其孤未畢喪故無名氏八年書司馬官也者彼雖實有君而不重爪牙無君人之度故經書司馬傳以

無君釋之鄭玄云亦爲上下俱失罪臣以權寵逼君故稱人以殺君以非理殺臣故著言司馬不稱名者以其世在祖之位尊亦與僖二十五年宋殺其大夫同是其說也

○戊子晉人及秦人戰于令狐令狐秦地○令力丁反

晉先蔑奔秦不言出在外也輟戰而奔秦以是爲逃軍也輟止也爲將而獨奔故曰逃軍○輟丁劣反將子匠反

○狄侵我西鄙○秋八月公會諸侯晉大夫盟于扈扈鄭地○扈音戶

其曰諸侯略之也晉侯新立公始往會晉侯不盟大夫受盟既以喪娶又取二邑爲諸侯所賤不得序于會諱使若扈之盟都不可知故略之○喪取七住反本亦作娶

〈疏〉注諱使至略之○釋曰舊說使若扈之盟都不可知者謂後十五年亦不序諸侯探解下文故云都也今以爲范解諸侯不序之意魯諱其不與故揔言諸侯似若扈之盟諸侯都不可知非是探解下文始稱都也

○冬徐伐莒○公孫敖如莒涖盟涖位也

其曰位何也前定也其不日前定之盟不日也〔疏〕莅位也○釋曰重發傳者以徐伐莒而往莅盟嫌非兩國交盟之例故明之

八年春王正月○夏四月○秋八月戊申天王崩襄王○冬十月壬午公子遂會晉趙盾盟于衡雍衡雍鄭地○雍於用反〔疏〕公子遂○釋曰再稱公子者若下文直言遂恐爲繼事之辭兩名不辨故重言公子以詳之○乙酉公子遂會雒戎盟于暴鄭地○雒戎音洛本或作伊雒之戎誤○公孫敖如京師弔周喪不至而復丙戌奔莒不言所至未如也若其已行當如公子遂至黄乃復今不言所至而直言復如其實未如也未如則未復也未如而曰如不廢君命也雍曰受命而出義無私留書如京師以顯命行于下不書所至以表不去之罪未

復而曰復不專君命也復者事畢之辭未如故知其未復加畢事之文者言君命無輒專之道其如非如也其復非復也唯奔莒之爲信故謹而日之也〔疏〕謹而日之也○釋曰襄二十三年冬十月乙亥臧孫紇出奔邾傳曰其日正臧孫紇之出也范云正其有罪彼云正其有罪則此亦正其有罪兩處發傳者此其如非如其復非復臧孫則實奔嫌其意異故舉二者以包其餘成十六年冬十月乙亥叔孫僑如出奔齊亦同此例故不復發之若然僑如亦是有罪書日亦以包之於彼注引徐邈云禮大夫云然君埽其宗廟不絶其祀身雖出奔而君遇之不失正故詳而日之明有恩義也與此異者書日之義有二種之意也一爲正罪一爲兼君恩知者以閔二年公子慶父出奔莒文承九月之下而不書日傳稱慶父不復見矣明罪重合誅故去日以見恩絶則書日者有恩可知以此推之歸父公子遂不書日之從例可知也然歸父有罪非成公逐之者歸父殺嫡立庶宜世不長魯人逐之實得其罪但惡成公逐父之使耳不言歸父無罪也○螽○宋人殺其大夫司馬司馬官也

其以官稱無君之辭也何休曰近上七年宋公壬臣卒宋人殺其大夫不言官今此在三年中言官義相違鄭君釋之曰七年殺其大夫此實無君也今殺其司馬無人君之德耳司馬司城君之爪牙守國之臣乃殺其司馬奔其司城無道之甚故稱官以見輕慢也傳例稱人以殺殺有罪也此上下俱失之○見賢偏反○宋司城來奔司城官也其以官稱無君之辭也來奔者不言出舉其接我也〔疏〕來奔至接我也○釋曰重發傳者嫌奔殺異也來奔不言出發傳於此者以是來奔之始故發之子哀不發者從此例可知

監本附音春秋穀梁注疏文公卷十　盧宣旬校

清嘉慶二十年重栞

用文選樓藏本校

新建縣知縣鄭祖琛

浮梁縣知縣劉　丙　同栞

穀梁傳注疏卷十挍勘記　阮元撰盧宣旬摘録

文公　單疏本每卷標題春秋穀梁疏某公卷第幾自此以下分卷亦以每公爲一卷與石經合此文公爲第六卷

元年

先鄉魯國　閩監毛本鄉作即

可以會外諸侯戚衛地　閩監毛本脫戚衛地三字

注内卿至衛地　閩本同單疏本至衛地作云六監毛本衛地作諸侯非也

至於三年　閩監毛本同何校本三作二是也

垂斂之曾　會誤曾閩監毛本不誤

楚世子商臣弒其君髡　石經閩監毛本商作商下及注同

二年

以事相繼　閩監毛本同何校本以作其

左主八寸　閩監毛本同何校本八作七○按儀禮經傳通解亦作七

則內於西壁䧟中　閩監毛本䧟作陷何校本作埳

親喪已入壙　閩監毛本同何校本據元文入改下

桑猶喪也　按今本公羊注脫此四字

與其犕犕　閩監毛本同何校本上犕作麤是也按說文無犕字葢犕字轉寫之譌段玉裁說詳公羊校勘記

葢爲禘時別昭穆也　閩監毛本同何校本依元文禘下增祫字

使若與甚君盟　閩監毛本甚作其是也

故就此一發之後注云　閩監毛本同何校本一作亦後作彼是也

公孫敖會宋公陳侯鄭伯晉士穀盟于垂斂 閩監毛本同石經穀作穀釋文出士穀云本又作穀九年同

可以會外諸侯 閩監毛本同石經無外字

而云三年之喪未締者 閩監毛本締作禘何校本作終案終是

以昭繆爲次序 閩監本同毛本繆誤穆釋文出昭繆音韶穆下及傳同案通志堂釋文亦誤作昭穆此據宋本陸以穆作繆音則本文作繆可知

則是僖在於莊上 閩監毛本同何校本僖下有公字

三年

故不得一例危之 閩監毛本危作施

亦以宋德薄 閩監毛本同單疏本德薄乙轉

四年

問者以使大夫逆例稱女　閩本同監毛本者誤曰

故反覆推之　閩監本同毛本故誤而

今故深發之者　閩監毛本故深作復特何校本無此二字

以彼稱夫人　閩監毛本同何校本以作然

娶於大夫者　閩監毛本同何校本於作乎與公羊傳合

五年

又此傳云兼歸之非正也明天子於諸侯含襚常各異使也　閩監毛本同單疏本無又此至含襚一十八字何校本常作當

而含已晚　閩監毛本同石經已作以○按儀禮經傳通解引作以

唯論諸侯自相於宋本閩本同監毛本於誤施下兩其諸侯相於同

何得云天子與諸侯禮異閩監毛本同何校本無云字

證君之於臣閩監毛本同何校本於作與

益明范云傳為非也閩監毛本同何校本云作以

六年

射姑殺者也石經閩監毛本射作夜釋文出夜姑云左氏作射姑此十行本本亦作夜淺人據左氏妄改剜補之迹顯然下射姑之殺射姑使人並當作夜

處父主竟上事閩監毛本同石經上下有之字

用特羊言廟閩監毛本同何校本言作告

閏月矣何以謂之天无是月非常月也閩監毛本无作無何校本矣作

也非上疊是月二字與公羊合

故云五歲得六十日也　閩本同監毛本脱也字

閩是叢殘之數　閩監本同毛本叢作䕺釋文出䕺

七年

宋公壬臣卒　閩監毛本同石經壬作王

疏宋人殺其大夫　毛本同閩監本疏誤註

案僖二十五年　閩監毛本同何校本僖下有公字

而不重爪牙　監毛本同閩本何校本爪作爪

八年

鄭地　閩監本同毛本上有暴字

不至而復　閩監毛本同石經無而字

禮大夫云　閩監毛本同何校本云作去與成十六年注合

穀梁注疏卷十校勘記終

寧都李楨校

監本春秋穀梁注疏文公卷第十一 起九年盡十八年

范甯集解　楊士勛疏

九年春毛伯來求金求車猶可求金甚矣 凱曰求俱不可在喪尤甚不稱使者天子當喪未君也 疏 注在喪尤甚○釋曰求賻亦在喪不言尤甚者在喪有賻無金故求賻比求金爲輕求車不在喪又可於求賻故傳云求車猶可凱云在喪求金尤甚 ○夫人姜氏如齊 歸寧 ○二月叔孫得臣如京師京大也師衆也言周必以衆與大言之也 疏 京大至言之也○釋曰不發於桓九年者內之如京師始於此故發之季姜非魯女故彼處不發雖略不發傳亦同此可知也 ○辛丑葬襄王天子志崩不志葬舉天下而葬一人其道不疑也志葬危不得葬也 不得備禮葬 疏

日之甚矣其天子至葬也○釋曰重發傳者桓王七年始葬襄王則七月而葬嫌異故重發之也不葬之辭也王室微弱諸侯無復往會葬○復扶又反【疏】王室至會葬○釋曰魯不會葬則無由得書而云王室微弱諸侯無復往會葬者天子志崩不志葬而又書日是不葬之辭故知諸侯無復往會者也其實魯卿往會始書若不會則不當書也故春秋之世有十二王志崩者有九書葬者唯五耳良由王室不赴諸侯不會故也志崩有九者平王桓王惠王襄王匡王定王簡王靈王景王是也書葬有五者桓王襄王匡王簡王景王是也其莊王僖王頃王三者不志崩爲不赴故也然則天子不合書葬魯史書之者欲見周室之衰不得備禮而葬因遣使往會則錄之若不遣使則葬不明故不錄也傳稱不志葬者據治平之日正法言之也○晉人殺其大夫先都○三月夫人姜氏至自齊罪以尊致病文公也夫人行例不致乃以君禮致刺公寵之過○刺七賜反【疏】注夫人至之過○釋曰范氏例云夫人行有十二例時此致而書月者蓋以非禮而致故書月以刺之餘不書月者當條皆有義耳夫人行十

二者文姜七如齊再如莒是九也夫人姜氏會齊侯于陽穀十也夫人姜氏會齊侯于卞十一也并數此夫人姜氏是十二也徐邈云卑以尊致有文公娶齊大夫女爲妻故初逆姜氏不稱夫人今致以夫人禮與逆自遂故疾公也范云夫人行例不致乃以君禮致刺公寵之過則與徐異也○晉人殺其大夫士穀及箕鄭父稱人以殺誅有罪也鄭父累也○箕居其反○楚人伐鄭○公子遂會晉人宋人衛人許人救鄭○夏狄侵齊○秋八月曹伯襄卒○九月癸酉地震震動也地不震者也震故謹而日之也穀梁說曰大臣盛將動有所變

（疏）癸酉地震○釋曰范例云地震五例日故此亦日也何休徐邈並云由公子遂陰爲陽行專政之所致今范引穀梁說曰大臣盛將動有所變則與二說同理亦無妨○冬楚子使萩來聘楚無大夫無命卿○萩子遥反又子小反或作菽左氏作

椒其曰萩何也以其來我襃之也疏楚無至之也○釋曰既襃之而書名所以不稱氏者公羊傳云許夷狄者不一而足理或然也○秦人來歸僖公成風之襚秦人弗夫人也言秦人弗以成風爲夫人故不言夫人即外之弗夫人而見正焉見不以妾爲妻之正○見賢遍反○葬曹共公○共音恭

十年春王三月辛卯臧孫辰卒○夏秦伐晉○楚殺其大夫宜申僖四年傳曰楚無大夫而今云殺其大夫者楚本祝融之後季連之胄也而國近南蠻遂漸其俗故棄而夷之今知內附中國亦轉強大故進之○胄直又反國近附近之近疏楚本至進之○釋曰國語與楚世家文也○自正月不雨至于秋七月歷時而言不雨文不閔雨也不閔雨者無志乎

民也○及蘇子盟于女栗女栗某地蘇子周卿士○女音汝○冬狄侵宋○楚子蔡侯次于厥貉厥貉某地也○貉亡白反十有一年春楚子伐麇○麇九倫反○夏叔彭生會晉郤缺于承匡承匡宋地○缺苦悅反○秋曹伯來朝○朝直遥反○公子遂如宋○狄侵齊○冬十月甲午叔孫得臣敗狄于鹹不言帥師而言敗何也據僖元年公子友帥師敗莒師于麗獲莒拏稱帥師○敗必邁反鹹音咸麗力知反拏女居反直敗一人之辭也一人而曰敗何也以衆焉言之也言其力足以敵衆〔疏〕直敗至言之也○釋曰公子友與莒拏戰唯二人相敵亦是直敗一人彼言帥師此不言者季子與莒拏並將軍衆而行之雖決勝負以其俱有徒衆故經書帥師今叔孫與魯之衆止敵一人故但言敗不言帥師也傳

曰長狄也弟兄三人佚宕中國佚猶更也○佚宕大結反更也害本又作宕更音庚瓦石不能害肌膚堅强瓦石打擿不能虧損○强其丈反擿直隻反叔孫得臣最善射者也射其目身橫九畝廣一步長百步爲一畝九畝五丈四尺○射其食亦反下注同廣古曠反直亮反

〔疏〕注五丈四尺○釋曰春秋考異郵云兄弟三人各長百尺別之國欲爲君何休云長百尺范云五丈四尺者讖緯之書不可悉信以此傳云身橫九畝故知是五丈四尺也杜預注左氏云三丈唯約國語仲尼稱僬僥長三尺大者不過數之十非經正文故范所不信注高三尺三寸知者考工記云兵車之廣六尺有六寸又以其廣之半爲之軾崇是軾高從上而下去車版三尺三寸橫施一木名之曰軾也

斷其首而載之眉見於軾兵車之軾高三尺三寸○斷丁管反見賢遍反軾音式然則何爲不言獲也據莒挐言獲曰古者不重創不禽二毛故不言獲爲内諱也不重創恤病也不禽

二毛敬老也仁者造次必於是顛沛必於是故爲內諱也既射其目又斷其首爲重創鬢髮白爲二毛○重直用反注同創初羊反爲內于僞反造七報反沛音貝〔疏〕曰古至諱也○釋曰或以春秋本自不應書經何諱之有穀梁以不重創爲諱其理非也今知不然者以長狄兄弟更害中國禍害爲深得臣能立功於一時而標名於萬代其庸大矣若其不諱何以不書且晉獲潞子尙書於經魯獲長狄棄而不錄詳內略外之義豈其然哉知內諱之言爲得其實也

其之齊者王子成父殺之則未知其之晉者也

〔疏〕其之至者也○釋曰公羊傳云兄弟三人一者之齊一者之魯一者之晉何休云三國各欲爲君象周衰禮義廢魯成就周道之國齊晉霸者之後此三國爲後欲見中國皆爲夷狄之行范雖不從何說理亦無妨○未知其之晉者也○釋曰之魯者叔孫得臣殺之之齊者王子成父殺之謂其之晉者史傳不記未知殺者姓名是誰也

十有二年春王正月郕伯來奔○郕音成○杞伯來朝僖二十七年稱子今稱伯蓋時王所進○朝直遥反○二月庚子子叔姬

卒其曰子叔姬貴也公之母姉妹也同母姉妹〔疏〕公之母姉妹也○釋曰傳稱其曰子叔姬貴之也公之母姉妹也則似稱子以明貴是以録其卒未必由公之母姉妹上下意乖者上傳云公之母姉妹解其稱子所由明貴則書卒賤乃不録也下傳云許嫁以卒之也欲見其雖貴非許嫁不書上下二傳足成非乖也許嫁乃書卒者以其即貴之漸故也徐邈云上傳云子叔姬者杞夫人見出故不言杞下傳云許嫁者言是別女非杞叔姬也理亦足通未知范意然否

其一傳曰許嫁以卒之也男子二十而冠冠而列丈夫三十而娶女子十五而許嫁二十而嫁禮二十而冠冠而在丈夫之列謙周曰國不可久無儲貳故天子諸侯十五而冠十五而娶娶必先冠以夫婦之道王教之本不可以童子之道治之禮十五爲成童以次成人欲人君之早有繼體故因以爲節書稱成王十五而冠著在金縢周禮媒氏曰令男三十而娶女二十而嫁内則云女子十五而笄說曰許嫁也是故男自二十以及三十女自十五以及二十皆得以嫁娶先是則速後是則晚凡人嫁

娶或以賢淑或以方類豈但年數而已若必差十年乃爲夫婦是廢賢淑方類苟比年數而已禮何爲然哉則三十而娶二十而嫁說嫁娶之限蓋不得復過此爾故舜年三十無室書稱曰鰥周禮云女子年二十未有嫁者仲春之月奔者不禁奔者不待禮聘因媒請嫁而已矣甯謂禮爲夫之姊妹服長殤年十九至十六如此男不必三十而娶女不必二十而嫁明矣此又士大夫之禮。冠沽奐反娶七住反譙在遥反笄古兮反先是蘇偏反後是戶豆反比毗至反或如字得復扶又反鰥古頑反禮注禮二至之禮。釋曰先儒多以爲于僞反長丁丈反

疏 周禮媒氏三十之男二十之女限以年數故范引譙周以爲證下取禮文以爲早嫁之驗或以賢淑者若文王之娶大姒是也或以方類者左傳稱鄭世子忽云齊大非吾偶是也此又士大夫之禮者著喪服所言多陳士大夫之禮猶不待二十明諸侯以上早娶禮在不疑也案尚書金縢無成王十五而冠故彼鄭注云天子諸侯十二而冠成王此年十五於禮已冠而爵弁者承天變故降服也今譙周云成王十五而冠著在金縢者先儒鄭玄之徒約大戴禮以爲文王崩之明年成王始生文王年十五生武王文王九十七而終則終時武王年八十三矣崩之明年武王年八十四也武王九十三而終則武王崩時成王年十歲可知

耳周公攝政必在除喪之後是周公初攝政之時成王年十二金縢稱始欲攝政即羣叔流言周公居東二年罪人斯得乘前之年是成王十四年秋始感大風之變王與大夫盡弁以啓金縢之書是啓金縢時成王年十五又書傳云四年建侯衛則周公復居攝四年作康誥也又書傳云天子年十八稱孟侯作康誥之時成王稱孟侯則成王年十八矣周公居攝四年成王十八年自然啓金縢迎周公之時成王十五故譙周亦以啓金縢時爲成王年十五尚書特云王與大夫盡弁明則始冠之年故云十五而冠謂在金縢也鄭云天子諸侯十二而冠者約左傳魯襄公之年耳更無正文可據故范亦不從

○夏楚人圍巢○秋滕子來朝○秦伯使術來聘術秦大夫○術音述○冬十有二月戊午晉人秦人戰于河曲河曲晉地不言及秦晉之戰已亟故略之也亟數也夫戰必有曲直以一人主之二國戰鬬數曲直不可得詳故略之不言晉人及秦人戰○亟去冀反數也注同

疏不言至略之也○釋曰七年戰于令狐十年秦伐晉此年又戰河曲是數也

季

孫行父帥師城諸及鄆。稱帥師，言有難也。難乃旦反

（疏）言有難也。釋曰：凡城之志皆譏，今傳云有難，則似無譏者，傳本有難，不是解譏與不譏，直釋其帥師之意耳。得此城得時，又畏莒爭鄆，書雖是譏，情義通許，故傳以有難釋之，不言譏之意也。

十有三年春王正月。夏五月壬午，陳侯朔卒。

（疏）陳侯朔卒。釋曰：世本是陳共公也。

邾子籧篨卒。籧其居反，篨直居反

（疏）邾子籧篨卒。釋曰：左傳是文公也。

自正月不雨，至于秋七月。大室屋壞。屋者主於覆蓋，明廟不都壞。大音泰，傳皆同

大室屋壞者，有壞道也，譏不脩也。大室猶世室也。世世有是室，故言世室。

（疏）有壞道也。釋曰：高者有崩道，下者有壞道。既言有壞道而書之者，譏不脩也。言魯若繕脩之，豈有敗壞之理？故書以譏不敬也。成五年梁山崩，傳云高者有崩道。山有崩道，又不可繕脩之物，而亦書之者，刺人君無

德而致天災令山崩河壅怪異之大故亦書之然山高稱崩屋下言壞而序稱禮壞樂崩釋云通言之者以禮樂無高下之殊故知通言之

周公曰大廟爾雅曰室有東西廂曰廟伯禽曰大室羣公曰宮爾雅曰宮謂之室室謂之宮然則其實一也蓋尊伯禽而異其名

疏注爾雅至其名○釋曰此下注所引並爾雅釋宮之言有東西廂者謂有夾室也傳知周公曰大廟伯禽曰大室羣公曰宮者禮記明堂位云季夏六月以禘禮祀周公于大廟哀三年桓宮僖宮災是周公稱大廟羣公稱宮此經別言大室明是伯禽廟公羊傳爲世室言世世不毀世與大意亦同耳

禮宗廟之事君親割割牲

疏君親割○釋曰徐邈云禮記曰君執鸞刀而封牲是也然彼據初殺牲之時非是割牲之事徐言非也

夫人親舂舂粢盛敬之至也爲社稷之主而先君之廟壞極稱之志不敬也極稱言屋壞不復依違其文○復扶又反○冬公如晉○衛侯會公于沓沓地也○沓徒荅反○狄侵衛

○十有二月己丑公及晉侯盟還自晉還者事未畢也自晉事畢也【疏】還者至畢也○釋曰知自晉是事畢者以其與致文同故知是事畢傳知還是事未畢者以未至國都而鄭伯會公于棐故知是未畢春秋上下書還者有四莊八年秋師還傳曰遯也今自晉爲事未畢而言嫌不得如彼例故復發傳宣十八年歸父還自晉嫌君臣異故復發事未畢之文襄十九年晉士匄帥師侵齊聞齊侯卒乃還嫌外內異故亦復發傳云事未畢也還例有四范別例云三者蓋直據內爲三不數外臣故也○鄭伯會公于棐棐鄭地○棐芳匪反

十有四年春王正月公至自晉○邾人伐我南鄙○叔彭生帥師伐邾○夏五月乙亥齊侯潘卒○潘浦干反【疏】齊侯潘卒○釋曰世家及世本是齊昭公也○六月公會宋公陳侯衛侯鄭伯許伯曹伯晉趙盾癸

西同盟于新城新城宋地同者有同也同外楚也
疏同外楚也○釋曰春秋書同盟非一傳或有釋亦有不
釋就不釋之内辭又不同所以然者莊公之世二幽之
盟于時楚國未強齊桓初霸直取同尊周室而已故傳云同
尊周也及邵陵首止之徒楚不敢與爭襄大齊桓故不復言
同當文公時楚人强盛而中國畏之命同盟詳心外楚不復
直能尊周室而已故傳釋之云同外楚也斷道書同傳云外
楚也則清丘亦是外楚故傳省文也舉斷道以包上下則蟲
牢馬陵蒲之與戚柯陵虛朾之類亦是省文可知同盟雞澤
復發傳者楚人轉盛中國外之彌甚故更發之則戲盟及京
城重丘之等亦其義也平丘又重發外楚之文者平丘以下
中國微弱外楚之事盡於平丘從此
以後不復能外故發傳以終之也○秋七月有星孛
入于北斗孛之爲言猶茀也其曰入北斗斗
有環域也據孛于大辰及東方皆不言入此言入者明
斗有規郭人其魁中也劉向曰北斗貴星人
君之象也茀星亂臣之類言邪亂之臣將並弒其君○孛步
内反茀李軌扶憒反徐邈扶勿反一音步勿反又音弗邪似

嗟反弑音試○公至自會○晉人納捷菑于邾弗克納是郤克也其曰人何也微之也何爲微之也長轂五百乘緜地千里長轂兵車四馬曰乘一乘甲士三人步卒七十二人五百乘合三萬七千五百人緜猶彌漫○捷菑在接反下側其反轂古木反乘繩證反卒子忽反【疏】微之也○釋曰不言貶之者以非專惡之稱故傳言微之而已過宋鄭滕薛夐入千乘之國欲變人之主夐猶遠也變人之主謂時邾已立貜且邾小國而言千乘者大郤克之事○夐況盛反至城下然後知何知之晚也征不廟筭正其得失勞師遠涉乃至城下邾以義拒然後方悟貶之曰人不亦宜乎○悟五故反弗克納未伐而曰弗克何也弗克其義也非力不足義不可勝捷菑晉出也貜且齊出也姊妹之子曰出貜且正也捷菑不

正也正適○適丁歷反○九月甲申公孫敖卒于齊奔大夫不言卒而言卒何也據閔二年公子慶父出奔莒後不言卒爲受其喪不可不卒也其地於外也成十七年公孫嬰齊卒于貍蜃傳曰其地未踰竟宣八年仲遂卒于垂垂齊地然則地或踰竟或未踰竟凡大夫卒在常所則不地地者皆非其常所隨其所在而書其地耳不孫於踰竟與不踰竟○爲于僞反貍力之反蜃市軫反竟音境並同

疏其地於外也○釋曰此與公孫嬰齊卒于貍蜃傳皆釋之宣十年仲遂卒于垂而傳不釋者此公孫敖卒于齊之國內故傳釋之曰其地於外也明在他國而卒公孫嬰齊卒在魯竟內故傳釋之曰其地未踰竟明非他國也二者既已發傳垂是齊地非是他國都又非魯竟內在兩端之間故不復釋之

○齊公子商人弒其君舍舍未踰年其曰君何也成舍之爲君所以重商人之弒也舍不成君則殺者非弒也○殺其音試本又作弒商人其不

以國氏何也據隱四年衛州吁弒其君完不言公子不以嫌代嫌也疏春秋以正治不正不以亂平亂舍不宜立有不正之嫌商人專權有當國之嫌故不書國氏明不以嫌相代不以嫌代嫌也○釋曰左氏以舍是昭公之子夫人叔姬所生而范云舍不宜立有不正之嫌以傳云不以嫌代嫌明知舍不正又舍卒不日亦是非正之驗舍之不日何也未成爲君也疏舍之至君也○釋曰傳例凡弒君書日以明正不繫於成君若舍是庶成君亦不合書日而云未成君者春秋不正見者雖庶亦得書日即齊侯小白鄭伯突是也今商人爲不欲以嫌代嫌故不去公子則舍不正之嫌前已著見不正已見例當書日爲未成君故不日耳○宋子哀來奔其曰子哀失之也言失其氏族不知何人疏失之也○釋曰經言宋子哀傳云失之也者傳解失之者謂其未達稱子之意案范注云言失其不知何人則不得云失其稱子之意蓋失之者謂雖知子哀是宋之大夫但不知是何族姓也○冬單伯如齊單伯魯大夫○單音善齊人執單伯私罪也單

伯淫于齊齊人執之齊人執子叔姬叔姬同罪也疏叔姬同罪也○釋曰叔姬既與單伯同罪而經文異執者單伯是天子命大夫魯人遣送叔姬未至而與之淫王則闇於取人之術魯則失於遣使之宜故經不書叔姬歸于齊再舉齊執之文者使若異罪然所以爲諱也明年書單伯至自齊亦是諱之之事耳公羊亦以爲不言齊人執單伯及子叔姬者內辭也使若異罪然左氏則云單伯天子大夫爲魯請叔姬非穀梁意也

十有五年春季孫行父如晉○三月宋司馬華孫來盟泰曰擅權專國不君其君緣其不臣因曰無君上司馬司城皆不名而此獨名者以華孫奉使出盟爲好於我故書官以見專錄名以存善○華戸化反使所吏反好呼報反以見賢徧反疏至存善○釋曰外大夫來盟書名則是常事而云錄名以存善者華孫擅權專國理合變文今得錄名即是同於常使失常爲惡則得常是善猶左氏稱公子翬如齊逆女脩先君之好故曰公子亦其類也華孫奉使不稱使者以其專故經書官以

表之傳云無君之辭也既無君無臣故不得使也司馬官也其以官稱無君之辭也來盟者何前定也不言及者以國與之也○稱尺證反年末注同疏前定也○釋曰重發傳者不稱使嫌異常故也鼓用牲于社莊二十五年傳稱鼓禮也鼓既是禮所以書之者鼓當於朝今用之於社鼓雖得禮用之失處故書也若然後亦鼓之於社而云禮者彼對用牲爲非禮故云鼓禮也其實用鼓亦非其處若得其處經不當書耳○夏曹伯來朝○朝直遥反○齊人歸公孫敖之喪○六月辛丑朔日有食之鼓用牲于社○單伯至自齊大夫執則致致則名此其不名何也據昭十四年意如至自晉稱名天子之命大夫也○晉郤缺帥師伐蔡戊申入蔡疏晉郤至入蔡○釋曰伐入兩舉者伐而不即入故兩舉之也莊二十八年伐戰兩舉者初

伐其竟內戰在國都故亦兩舉之也○秋，齊人侵我西鄙。其曰鄙，遠之也。其遠之何也？不以難介我國也。介猶近也。○難，乃旦反。介音界，注同。疏其曰鄙遠之也。○釋曰：重發傳者，以莊十九年三國伐我，今齊人獨來，嫌異，故重明之。○季孫行父如晉。○冬，十有一月，諸侯盟于扈。諸侯皆會而公獨不與，故恥而略之。疏注諸侯至略之。○釋曰：舊解公獨不與者，謂七年扈之盟，公不得與，故略言諸侯。此與十七年公雖與會，諱前不與，故亦略之。其意解公獨不與，謂七年時也。今以為公獨不與，正謂此年公在不與，故言公會諸侯。今此會盟公全不往，故直言諸侯盟于扈而已，皆所以為諱也。○十有二月，齊人來歸子叔姬。其曰子叔姬，貴之也。其言來歸何也？父母之於子，雖有罪，猶欲其免也。凱曰：書來歸，是見出之辭。有罪之人猶與貴稱，書之曰子者，蓋父母之恩欲免罪也。疏其曰至免也。○釋曰：來歸者

是彰罪之稱而云父母之於子欲其免也者稱子是尊貴之辭雖云來歸以貴辭言之非是有罪之稱故云欲其免也○

○齊侯侵我西鄙遂伐曹入其郛 郛郛○郛芳俘反 疏 入其郛○釋曰公羊傳云郛者何郛也此不發傳者春秋唯有此事而已非例所及故略之也

十有六年春季孫行父會齊侯于陽穀齊侯弗及盟弗及者內辭也行父失命矣齊得內辭也 行父出會失辭義無可納故齊侯以正道拒而弗受不盟由齊故得內辭 疏 注行父至內辭○釋曰以行父失辭之故爲齊侯所非外得其所拒內失其志春秋惡行父之失命故得內辭也

○夏五月公四不視朔天子告朔于諸侯諸侯受乎禰廟禮也 每月天子以朔政班于諸侯諸侯受而納之禰廟告廟以羊今公自二月不視朔至于五月是後視朔之禮遂廢故子貢欲去其羊○去起呂反 疏 注每月至其羊○釋曰三朝記云周衰天子不班朔于天下此

云班朔者彼據周末全不能班之此時尚或班或不班故下傳云以公爲厭政以甚矣范云天子班朔而公不視是也知是二月不視朔至五月者以經書五月公四不視朔若從五月以後數之則公或視或不視何得預言四不視朔知從二月至五月爲四也又云是後視朔之禮遂廢而經直云公四不視朔者左氏以爲此獨書公四不視朔者以表公實有疾非詐齊也公羊爲此公有疾猶可言無疾則不可言穀梁文雖不明蓋從此一譏之惡是見其餘不復譏也

公四不視朔公不臣也以公爲厭政以甚矣天子班朔而公不視是不臣。○厭於豔反

○六月戊辰公子遂及齊侯盟于師丘師丘齊地。○師丘左氏作郪丘公羊作犀丘復行父之盟也春齊侯不與行父盟故復使遂脩之。○復行扶又反又音服注復使及下注而復皆同

○秋八月辛未夫人姜氏薨僖公夫人

○毁泉臺喪不貳事貳事緩喪也喪事主哀而復毁泉臺是以喪爲緩以文爲多失道矣緩作主譏

僖公四不視朔〔疏〕以文至道矣○釋曰春秋爲尊親者諱
毀泉臺之類而舉其多失道者仲尼之脩春秋所以
示法有罪皆諱何以見其襃貶故桓公殺逆之主罪無遺漏
亦其比也至於書經文不委曲則亦是諱何者文實逆祀而
云躋僖文從後多不視朔直言四不視朔而已文稱毀泉臺
則似嫌其奢泰是亦臣子爲尊親諱之義也然取二邑大室
屋壞不與匿盟亦是失道注不言之者云云之類足以包之
也公羊以爲泉臺者是莊公所築郎臺也左氏與此傳並不
顯言或如公
羊之説也

自古爲之今毀之不如勿處而已矣若以夫人居之而甍者但當莫處**○楚人秦人巴人滅庸○**

冬十有一月宋人弑其君杵臼泰曰傳稱人者衆
辭衆之所同則君
過可知又曰稱國以弑其君君惡甚矣然則
舉國重於書人也○杵昌呂反臼其九反〔疏〕注泰曰至人也○釋
曰稱人衆辭莊十七年傳文稱國以
弑其君君惡甚矣成十八年傳文

十有七年春晉人衞人陳人鄭人伐宋衞序陳上蓋主

會者降之〇夏四月癸亥葬我小君聲姜〇齊侯伐我西鄙〇六月癸未公及齊侯盟于穀〇諸侯會于扈言諸侯者義與上十五年同〇范云言諸侯者義與上十五年同亦諸侯皆會公獨不與恥而略之【疏】注言諸至年同〇釋曰彼爲公不會略言諸侯則此亦然也〇秋公至自穀〇冬公子遂如齊

十有八年春王二月丁丑公薨于臺下臺下非正也【疏】臺下非正也〇釋曰非正與僖同重發之者僖是小寢此則臺下嫌異故發之〇秦伯罃卒罃乙耕反〇夏五月戊戌齊人弒其君商人〇六月癸酉葬我君文公〇秋公子遂叔孫得臣如齊使舉上客而不稱介不正其同

倫而相介故列而數之也上客耳。主也禮大夫爲卿介遂與得臣俱爲卿是以同倫爲副使故兩言之明無差降○使舉所吏反注同介音界下同副使也數所主反疏注禮大夫爲卿介○釋曰聘禮卿出以大夫爲上介士爲末介是也○冬十月子卒子赤也諸侯在喪既葬之稱疏惡宣公也○釋曰公羊傳稱君薨稱子某既葬稱子踰年稱君今子赤文公既葬而云子卒是既葬之稱也子卒不日故也故殺也不稱殺諱也○夫人姜氏歸于齊惡宣公也姜氏子赤之母其子被殺故大歸也宣公亦文公之子其母敬嬴惡不奉姜氏○惡烏路反注同嬴音盈依左傳應作頃熊疏惡宣公也○釋曰注并言敬嬴者注意欲明宣公是敬嬴所生是非惡敬嬴也舊解宣公不使其母奉養姜氏故言之禮亦通也有不待貶絕而罪惡見者泰曰直書姜氏之歸則宣公罪惡不貶而自見有待貶絕而惡從之者齊小白以國氏之類是也姪娣者不孤子之意也言其一人有子則共養○姪大結反娣音弟共養並如字一讀上九用反下餘亮反**一人有子三人緩帶**共望其祿（疏）姪娣至緩帶○釋曰上文直云姪娣者所以分別尊卑明夫人須媵妾之意下文摠言緩帶者欲見有子則喜樂之情均貴賤之意等今宣公爲人君不尊養姜氏非緩帶之謂也緩帶者優遊之稱也**一曰就賢也**若並有子則就其賢謂年同也宣公不奉哀姜非此之謂故惡之（疏）注若並至惡之○釋曰宣以庶子簒立非關就賢范云宣不能奉養哀姜則是非賢之事故云非此之謂也**○季孫行父如齊**

○莒弑其君庶其傳例曰稱國以弑其君君惡甚矣（疏）注傳例至甚矣○釋曰注凡引傳例者嫌小國無大夫例不稱臣名明弑逆事重不從凡常大夫之例也舊解稱國者謂惡於國人幷虐及卿大夫稱人者謂失心於民庶也此乃涉於賈逵之說據十六年范注則似不然

春秋穀梁注疏文公卷第十一

盧氏宣旬校刊

穀梁注疏卷十一校勘記　阮元撰盧宣旬摘錄

九年文公

內之如京師　閩監毛本如誤於

故知諸侯無復往會者也　閩監毛本同何校本者作葬是也

卑以尊致有　閩監毛本同何校本有作者

不稱夫人　閩毛本同監本不誤雇

冬楚子使萩來聘　石經閩監本同毛本空缺冬字釋文萩或作菽

十年

及蘇子盟于女粟　閩監毛本同石經粟作栗釋文出女栗○按當作栗

十有一年

佚宕中國　閩監毛本同石經宕作害釋文出佚害云害本又作宕

何休云長百尺　閩監毛本同何校本云上有亦字

高三尺二寸　閩本同監毛本二作三案三是

何休云三國　閩監毛本同何校本三上有之字案有者是

魯成就周道之國　按公羊注國作封

齊晉霸者之後　按公羊注者字作尊周室三字

十有二年

是以錄其卒　閩監毛本同何校本以作其

著喪服所言　閩監毛本同何校本著作謂

謂在金縢也　閩監毛本同何校本謂作著

故略之也石經監本同閩毛本略作畧○案古略畧字皆田在左

得此城得時閩監毛本同何校本上得作但

十有三年

而封牲是也閩監毛本封誤刲

十有四年

世家及世本是齊昭公也閩監毛本同何校本上有齊侯潘有二五字

公會宋公陳侯衛侯鄭伯許伯曹伯晉趙盾閩監毛本同石經許伯作許男

及邵陵首止之徒閩監毛本徒作後是也

命同盟詳心外楚閩本同監毛本命作令是也

則戲盟及京城重丘之等閩監毛本京誤亳

繇猶彌○漫案○當在漫下所以別音義此誤倒閩監毛本不誤今依訂正

以非專惡之稱閩監毛本同何校本稱作也

宣十年閩監毛本同何校本十作八案注是八字

據隱四年衛州吁弒其君完閩監毛本同何校本州作祝是也釋文出殺其云本又作弒

案范注云言失其閩監毛本同單疏本無注字何校本下有氏族二字

十有五年

其以官稱石經同閩監毛本其以誤以其

嫌異常故也鼓用牲于社莊二十五年閩本同監毛本鼓用以下在經鼓用牲于社下莊上增○

十有六年

公羊爲此公有疾猶可言　閩本同監毛本爲作謂

十有八年

耳主也　閩本同監毛本耳作聘

下文揔言緩帶者　閩監本同毛本言誤至

春秋穀梁傳注疏卷十一挍勘記終

寧都李楨挍

監本春秋穀梁注疏宣公卷第十二 起元年終十八年

范甯集解　楊士勛疏

宣公（疏）魯世家宣公名倭文公之子子赤庶兄以周匡王五年即位謚法善問周達曰宣

元年春王正月公即位繼故而言即位與聞乎故也 ○與聞音豫下注亦同（疏）繼故至故也○釋曰重發傳者桓公篡成君宣公篡未踰年君嫌異故發之

○公子遂如齊逆女 不譏喪娶者不待貶絕而罪惡自見桓三年傳曰逆女親者也使大夫非正也○自見賢徧反（疏）注桓三至正也○釋曰引彼傳例者嫌譏喪娶不責親迎故引傳例以明之

三月遂以夫人婦姜至自齊其不言氏喪未畢故略之也 夫人不能以禮自固故與有貶（疏）注夫人至有貶○釋曰婚禮遲速由於夫家陽倡陰和固是其理而責夫人者一禮不備貞女不行夫人姜氏若其不行公得無喪娶之譏夫人無

苟從之咎故責之其曰婦緣姑言之之辭也遂之挈由上致之也上謂宣公。挈苦結反○疏其曰至辭也。釋曰傳重言此者嫌喪娶辭略并明不與陳人之婦同也。遂之至之也。釋曰挈者謂去氏族而直書名徐邈以挈爲舉非也左氏以爲遂不稱公子者尊夫人也公羊以爲遂不言公子者一事而再見從省文此傳云由上致之是與二傳異也此注云上謂宣公昭公二十四年婼至自晉注云上謂宗廟也者釋有二家其一云禮夫人三月始見宗廟遂與僑如之致由君而已故知上爲宣公成公也婼被執而反理當告廟故知上謂宗廟也又一釋二者互文也以相通見廟之時君稱臣之名以告宗廟則二者皆當書名故此云宣公彼云宗廟亦是昭公告之可知此宣公亦是告宗廟明矣婼與意如俱爲被執而致傳釋有異辭者意如訴公於晉婼則無罪故傳不同也此已發傳僑如又發之者此喪娶彼非喪娶嫌異故重明之○夏季孫行父如齊○晉放其大夫胥甲父于衛放猶屏也屏除稱國以放放無罪也。○公會齊侯于平州平州齊地離會故不致疏稱國至罪也○釋曰范別例云放大夫凡有三晉放胥甲父一昭八年楚放公子昭二哀二年蔡人放公孫獵三也此云稱國以放放無罪也則稱人者是放有罪也若然招殺世子偃師則招亦有罪不稱楚人者以上有楚師滅陳之文故不復出楚人又招有罪自明故不待更稱楚人也○注離會故不致○不引傳例者此宣自應例惡無所嫌疑故也傳內不至齊也昭二十五年齊侯取鄆傳曰取易辭也哀八年齊人取讙及闡傳曰惡內也所以三發傳不同者內不合言取今言取是違例之問宜在於始魯人不得已而賂之取雖是易而我難之故直云授之昭公失國之君忠臣喜公得邑故以易辭言之哀公犯齊陵邾而反喪邑易辭之也傳以明惡內之理未顯故傳特言惡內其實皆是易辭也○公子遂如齊○六月齊人取濟西田內不言取言取授之也以是爲賂齊也公宣弒入賂齊以自輔恥賂之故書齊取○秋邾子來朝○楚子鄭人侵陳遂侵宋遂繼事也○晉趙盾帥師救

陳善救陳也○盾徒本反疏善救陳也○釋曰何嫌非善而言善者陳近楚屬晉嫌救之非善故傳釋之又救之者爲善所以駮鄭之過也○宋公陳侯衛侯曹伯會晉師于棐林伐鄭棐林鄭地○棐芳尾反又音匪列數諸侯而會晉趙盾大趙盾之事也大其衛中國攘夷狄○數所主反攘而羊反其曰師何也據言會晉師不言會晉趙盾以其大之也以諸侯大趙盾之事故言師師者衆大之辭疏以其大之也○釋曰襄二年晉師宋師衛甯殖侵鄭注云不書晉宋之將以慢其伐人之喪彼稱師言惡晉宋此稱師云大之者稱師之義不在一方言師雖同善惡有別所謂春秋不嫌同文此之謂也齊救邢惡不及事楚子滅蔡滅非其罪晉宋伐喪失匍匐之義故皆貶之稱師今趙盾伐鄭以救陳宋故經列數諸侯而殊大之明稱師者以著善也于棐林地而後伐鄭疑辭也此其地何則著其美也泰曰夫救災恤患其道宜速而方云會于棐林然後伐鄭狀似伐鄭

有疑須會乃定曰非也欲美趙盾之功故詳録其會地（疏）于棐至美也○釋曰桓十五年公會諸侯于袲伐鄭傳曰地而後伐疑辭也非其疑也此傳既曰疑辭也又云則著其美也者此文雖與會袲同其理則異何者以其列數諸侯而會趙盾則詳其會地亦善可知也

○冬晉趙穿帥師侵崇○穿音川○

晉人宋人伐鄭伐鄭所以救宋也時楚鄭侵宋（疏）所以救宋也○釋曰伐鄭所以救宋經不言救宋者以上有楚子鄭人侵陳遂侵宋之文今云晉人宋人伐鄭明救宋可知故不言之也知非救陳者以救陳之文已見故楚伐宋宋得出而自救者伐宋者不攻都城故得出師助晉也

二年春王二月壬子宋華元帥師及鄭公子歸生帥師戰于大棘宋師敗績獲宋華元大棘宋地○華戶化反

獲者不與之辭也華元得衆甚賢故不與鄭獲之（疏）注華元至獲之○釋曰華元得衆故不與鄭獲之然則晉侯失民亦言獲者晉侯雖失衆諸侯無相獲之道故亦不與秦獲也

徐邈云獲是不與之辭與者當稱得也故定九年得寶玉大弓是也然則弓玉與人不類徐言非也何休云華元繫宋者明恥辱及國案齊國書陳夏齧皆繫國則是史之常辭非有異文也 言盡其衆以救其將也 先言敗績而後言獲知華元得衆心軍敗而後見獲晉與秦戰于韓未言敗績而君已獲知晉侯不得衆心明矣○盡子忍反 以三軍敵華元華元雖獲不病矣 何休曰書獲皆生獲也如欲不病華元當有變文鄭君釋之曰將師見獲師敗可知不當復書師敗績此兩書之者明宋師懼華元見獲皆竭力以救之無奈不勝敵耳華元有賢行得衆如是雖師敗身獲適明其美不傷賢行今兩書敗獲非變文如何 ○秦師伐晉○夏晉人宋人衛人陳人侵鄭○秋九月乙丑晉趙盾弒其君夷皋穿弒也 穿趙盾從父昆弟 盾不弒而曰盾弒何也以罪盾也其以罪盾何也曰靈公朝諸大夫而暴彈之

暴殘暴。朝直遥反彈徒丹反又徒旦反觀其辟丸也趙盾入諫不聽出亡至於郊禮三諫不聽則去待放於竟三年君賜之環則還賜之玦則往必三年者古疑獄三年而後斷易曰繫用徽纆示于叢棘三歲不得凶是也自嫌有辠當誅故三年不敢去。辟音避竟音境玦古穴反杜元凱云如環而不連斷丁亂反徽許歸反纆亡北反徽纆皆繩也三股曰徽兩股曰纆

疏注禮三至敢去。釋曰三諫不聽則去待放於竟三年公羊傳文君賜之環則還賜之玦則往荀卿書有其事易曰繫用徽纆示于叢棘三歲不得凶者易坎卦上六爻辭但易本繫作係陸德明云寘置也王弼云險陗之極不可升也。法峻整難可犯也宜其凶執寘于思過之地三歲險道之夷也險終乃反故三歲不得自修三歲乃可以求復故曰三歲不得凶也馬融云徽纆索也陸得明云三糾繩曰徽二糾繩曰纆劉表云三股爲徽兩股爲纆

趙穿弑公而後反趙盾招使還史狐書賊曰趙盾弑公史國史掌書記事狐其名盾曰天乎天乎予無罪告天言己無弑君之罪孰爲盾而忍

弒其君者乎 迥已易他誰作盾而當忍弒君者乎。孰爲盾絶句孰誰也 史狐曰子爲正卿入諫不聽出亡不遠君弒反不討賊則志同 志同穿也 志同則書重非子而誰 盾是正卿 故書之曰晉趙盾弒其君夷皋者過 又賢故言重 在下也 鄭嗣曰成十八年晉弒其君州蒲傳曰稱國以弒其君君惡甚矣然則稱臣以弒罪在臣下也趙盾弒其君不言罪而曰過者言非盾親弒有不討賊之過。惡甚如字又烏路反 曰於盾也見忠臣之至於許世子止見孝子之至 邵曰盾以亡不出竟反不討賊受弒君之罪忠不至故也止以病不知嘗藥受弒父之罪孝不至故也。見忠賢徧反或如字下同

疏 曰於至之至。釋曰趙盾與許止加弒是同而許君書葬晉靈公不書葬者許止失嘗藥之罪輕故書葬以赦止趙盾不討賊之罪重故不書晉侯葬明盾罪不可原也春秋必加弒於此二人者所以見忠孝之至故也忠孝不至則加惡名欲使忠

臣覩之不敢惜力孝子見之所以盡心是將來之遠防也○冬十月乙亥天王崩匡王也

三年春王正月郊牛之口傷之口緩辭也傷自牛作也牛自傷口非備災之道不至也故以緩辭言之（疏）緩辭也○釋曰此之爲緩辭則成七年不言之爲急辭也舊解范氏別例云凡三十五范既揔爲例則言之者並是緩辭也傳於執衛侯云言之緩辭也則云其餘不發亦緩可知耳公喪在外逆之緩也衛侯之弟鱄奔伯之弟鍼等稱之者取其緩之得逃吳敗六國亡之者取其六國同役而不急於軍事也殺奚齊稱之者緩於成君也考仲子宮言之者隱孫而脩之緩也日食言之者不知之緩也則自餘並緩耳理雖迂延。舊說既然不可致詰故今亦從之

改卜牛牛死乃不郊事之變也牛無故自傷其口易牛改卜復死乃廢郊禮此事之變異○復扶又反（疏）改卜至變也○釋曰公羊傳稱改卜者帝牲不吉則引稷牲而卜之其帝牲在於滌宮三月於稷者唯具視其身體無災而已不特養於滌宮又云郊必以其祖配者自內出者無匹不行自外至者無主不止今改卜者取於稷牛則未審傳意

如何以后稷配郊必與公羊異也不言免牛而云不郊者牛死不行免牛之禮故直言不郊也乃者亡乎人之辭也譏宣公不恭致天變（疏）乃者至辭也○釋曰重發傳者嫌牛死與卜郊不從異也猶三望○葬匡王○楚子伐陸渾戎○渾戶門反又戶困反○夏楚人侵鄭○秋赤狄侵齊○宋師圍曹○冬十月丙戌鄭伯蘭卒○葬鄭穆公

四年春王正月公及齊侯平莒及郯莒人不肯及者内爲志焉爾平者成也不肯者可以肯也凱曰君子不念舊惡況爲大國所和乎○郯音談國名也（疏）平者成也○釋曰舊解以莒不肯平公伐莒取向莒人彌復怨郯郯之與莒方爲怨惡乃是成就亂事故訓之爲成注無此意恐非也公伐莒取向向莒邑○向書亮反伐猶可取向甚矣以義兵討不平未若不用兵以

義使平者也故曰猶可也（疏）注以義至可也○釋曰傳稱伐猶可是非正與辭注云義兵者據其討不直故云義兵也義兵之道不足故傳云猶可也莒人辭不受治也乘義取邑所以不服伐莒義兵也討不釋怨取向非也乘義而爲利也○爲如字又于僞反○秦伯稻卒（疏）秦伯稻卒○釋曰世本秦共公也○夏六月乙酉鄭公子歸生弑其君夷○赤狄侵齊○秋公如齊公至自齊○冬楚子伐鄭

五年春公如齊○夏公至自齊○秋九月齊高固來逆子叔姬諸侯之嫁子於大夫主大夫以與之婚禮主人設几筵于廟以待迎者諸侯大夫尊卑不敵故使大夫爲之主○迎魚敬反來者接內也不正其接內故不與夫婦之稱也

來者謂高固高固齊之大夫而今與君接婚姻之禮故不言逆女○稱尺證反〔疏〕諸侯至稱也○釋曰莒慶已發傳今重發之者莒慶小國之大夫高固齊之尊卿而取公之同母姊妹嫌待之禮殊故發傳明其不異也徐邈云傳言吾子是宣公女也理亦通爾

○叔孫得臣卒○冬齊高固及子叔姬來及者會及吾子叔姬也爲使來者不使得歸之意也高固受使來聘而與婦俱歸故書及以明非禮莊二十七年冬杞伯姬來僖二十八年秋杞伯姬來皆不言所及是使得歸之意○受使所吏反

〔疏〕叔孫得臣卒○釋曰隱元年傳曰大夫不日卒惡也今叔孫得臣不日卒亦惡可知矣何休云知公子遂弒君而匿情不言未審范意亦然以否○及者至姬也○釋曰經既言高固及子叔姬足自明矣傳何須更言及吾子叔姬也者傳方欲解及爲非禮故上張其文也○注故書至非禮釋曰桓十八年濼之會去及爲非禮此書及爲非禮者公與夫人之行須言及以別尊卑故云及夫人姜氏會齊侯於陽穀言及濼之會以夫人之伉不言及故知云及爲非禮今叔姬歸寧當以獨來爲文高固奉命宜云來聘經揔之言來故

故書及爲莽禮楚人伐鄭

六年，春，晉趙盾、衛孫免侵陳。此帥師也，其不言帥師何也？據元年趙盾帥師救陳言帥師也。不正其敗前事，故不與帥師也。元年救而今更侵之。疏不正至師也○釋曰：傳例將卑師衆曰師，將尊師少直言將。成三年晉郤克、衛孫良夫伐嗇咎如，彼非是敗前事，亦不言帥師，此云不正其敗前事故不與帥師。師者凡常書經，自依將之尊卑、師之多少之例。趙盾元年稱帥師救陳，今直書名而已，明是惡敗前事，故不與帥師也。郤克、良夫前無帥師之文，故知從將尊師少例耳。○夏，四月。○秋，八月，螽。音終。○冬，十月。

七年，春，衛侯使孫良夫來盟。來盟，前定也。不言及者，以國與之。不言其人，亦以國與之。不日，前定之盟不日。○夏，公會齊侯伐萊。萊音來，國名。

疏來盟至不日○釋曰：此重發傳者，宋華孫不稱使，此則稱使，嫌異，故重發之。言不日者，據成三年及荀庚盟有日，故發問也。○秋，公至自伐萊。○大旱。○冬，公會晉侯、宋公、衛侯、鄭伯、曹伯于黑壤。黑壤，某地。○壤，人丈反。

八年春，公至自會。○夏六月，公子遂如齊，至黃乃復。蓋有疾而還。黃，齊地。疏蓋有疾而還○釋曰：以下有卒，故知有疾也。乃者，亡乎人之辭也。鄭嗣曰：大夫受命而出，雖死以尸將事，今遂以疾而還，失禮違命，故曰亡乎人，言魯使不得其人也。疏亡乎人之辭也○釋曰：重發傳者，此乃復是事畢之文，其實未畢，嫌與他例異，故重明之。此云乃者亡乎人之辭也，定十五年傳以爲急辭也者，乃有二義故也。此魯使不得其人，言乃以責之。公孫敖亦是失命，不言乃者，此以疾而反，有可責之理，故言乃復以譏之；敖棄命奔莒，元來未去，不足可責，非乃文所盡，故不言乃也。復者，事畢也，不專公命也。遂以疾反而加事畢之文者，是不使遂專命還。○辛

已有事于大廟○大音泰下注同仲遂卒于垂祭于大廟之日而知仲遂卒垂齊地

疏注祭于至遂卒○釋曰注言此者解經仲遂之卒繫祭廟之意也仲遂有罪而亦書日者宣公與遂同罪猶定公不惡意如而書日也或當辛巳自爲祭廟不爲仲遂也案公子翬當桓世無罪則不去公子仲遂非宣惡人而去公子者翬非桓罪人故生存不去公子之號仲遂於宣雖則無罪死者人之終若不去公子嫌其全無罪狀故去之若然何以不去日者既替其尊號則罪已明故不假去日也傳稱公弟叔仲賢也遂非賢而稱仲者杜預云時君所加何休云稱仲者起嬰齊所氏范雖不注理未必然蓋以遂見疏而去公子經不可單稱遂卒遂於後以仲爲氏故稱仲遂卒也然仲遂以罪見疏即見。罪惡之臣而譏宣公不廢繹者宣公與遂同心繹祭之時則內無去籥而爲之故所以譏也

爲若反命而後卒也先書復後言卒使若遂已反命于君而後卒于垂此公子也其曰仲何也疏之也僖十六年傳曰大夫不言公子公孫疏之也何爲疏之也是不卒者也遂與宣公共弑子赤不疏則

無用見其不卒也若書公子則與正卒者同故去公子以見之○見其賢徧反注同故去起呂反下文及注同則其卒之何也據公子翬不書卒○子翬許韋反以譏乎宣也其譏乎宣何也聞大夫之喪則去樂卒事去籥萬卒祭事言今不然壬午猶繹猶者可以已之辭也繹者祭之旦日之享賓也萬入去籥萬舞名籥管也○繹音亦爾雅云又祭也享許丈反籥餘若反管也【疏】猶者至賓也○釋曰旦日猶明日也何休云繹者繼昨日事但不灌地降神耳天子諸侯曰繹大夫曰賓尸士曰宴尸則天子以卿爲之諸侯則以大夫爲之卿大夫以孫爲之夏立尸殷坐尸周旅酬六尸唯士宴尸與先儒少異則范意或與何同也案少牢饋食之禮卿大夫當日賓尸天子諸侯明日賓尸者天子諸侯禮大故異日爲之卿大夫以下禮小故當日即行其三代之名者案爾雅云夏曰復胙殷曰肜周曰繹是也謂之復胙者復前日之禮也謂之肜者肜是不絕之意也謂之繹者繹陳昨日禮也何休又云禮大夫死爲廢一

時之祭有事於廟而聞之者去樂卒事至卒事
而聞之者廢繹今魯不以爲譏范意當亦然也**以其爲之**
變譏之也內舞去籥惡其聲聞此爲卿變於常禮是知
其不可而爲之○爲之于僞反注爲卿變同
惡其烏
路反
○**戊子夫人熊氏薨**宣公妾母○
左氏作嬴氏
○**晉師白**
狄伐秦○楚人滅舒蓼○舒蓼音了本
又作蓼國名也
○**秋七月**
甲子日有食之既○冬十月己丑葬我小君
頃熊文夫人姜氏大歸于齊故宣公立己妾母爲夫人君
以夫人禮卒葬之故主書者不得不以爲夫人義與
成風同○頃熊音【疏】注文夫至風同○釋曰哀姜有罪故
傾左氏作敬嬴　僖成其母爲夫人今姜氏子殺故身
出本自無罪則頃熊成喪不是同例而云與成風同者禮妾
子爲君其母不得稱夫人以二者俱非正禮故云同耳非謂
意盡同也穀梁以成風再貶故曰妾子雖爲君其母不得稱
夫人則襄公以其母定姒爲夫人亦非正明也然成風再貶
自外不譏者從一譏故也案文十八年注云
宣母敬嬴此云頃熊者一人有兩號故也　**雨不克葬**

葬既有日，不爲雨止，禮也。雨不克葬，喪不以制也。

徐邈曰：案經文是己丑之日葬，喪既出而遇雨，若未及己丑而却期，無爲逆書此日。葬禮喪事，有進無退。又士喪禮有潦車載蓑笠，則人君之張設固兼備矣。禮，先遷柩於廟，其明昧爽而引，既及葬日之晨，則祖行遣奠之禮設矣，故雖雨猶終事，不敢停柩久次。○不爲，于僞反。潦，音老。蓑，素禾反。笠，音立。張，如字，又陟亮反。柩，其又反，尸在棺曰柩。昧，音妹。引，以刃反，又如字。遣奠，弃戰反。

疏 葬既至制也○釋曰：舊解案禮，庶人懸封，葬不爲雨止，明天子諸侯不觸雨而行可如也。傳言不爲雨止者，謂不得止葬事而更卜遠日；喪不以制也者，謂不得臨雨而制喪事。豈有諸侯執紼者五百人，安待觸雨而行哉？是徐邈之說理之不通。今案傳文云雨不克葬，喪不以制也，是葬爲雨止，喪事不以禮制也。上文云葬既有日，不爲雨止，禮也，明爲雨止則非禮可知，安得云傳意葬爲雨止乎？又且范引徐邈之注，不言其非，則是從徐說矣，何爲造范義而違之哉？○注徐邈至久次○釋曰：未及己丑而却期者，謂雨之與葬皆是己丑之日也。若未及己丑之○而遇雨，其葬期有却者，何爲逆書己丑日葬也？士喪禮有潦車載蓑笠者，毛詩傳云：蓑所以備雨，笠所以禦暑。是也。

庚寅日中而克葬而緩辭也足乎日之辭也〔疏〕而緩辭也○釋曰言緩辭也者此日中克葬足乎日故云緩也定十五年日下昃乃克葬故云乃急辭也是二文相對爲緩急故公羊傳云曷爲或言而或言乃乃難乎而也是二文相對也○城平陽○楚師伐陳

九年春王正月公如齊有母之喪而行朝會非禮○朝直遥反〔疏〕注有母至非禮○釋曰非禮經無異文者傳例云如往月危往也此朝書月即是非禮之異文也○公至自齊○夏仲孫蔑如京師○齊侯伐萊○秋取根牟〔疏〕秋取根牟○釋曰公羊傳曰根牟者何邾婁之邑也曷爲不繫乎邾婁諱亟也謂母喪未期而取邑故諱不繫邾婁也若言諱不繫邾婁居母之喪縱非邾邑豈容無諱或當如左傳以根牟爲國名也○八月滕子卒○九月晉侯宋公衛侯鄭伯曹伯會

于扈○晉荀林父帥師伐陳○辛酉晉侯黑臀卒于扈其地於外也其日未踰竟也外謂國都之外諸侯卒於路寢則不地傳例曰諸侯正卒則日不正則不日舊說踰竟亦不日然則諸侯不正而與未踰竟無以別之矣案襄七年鄭伯卒于操此年晉侯卒于扈文正與襄二十六年許男卒於楚同恐後人謂操扈是國故於疑似之際每爲發傳日○未踰竟也○臀徒門反竟音境以別彼列反操七報反〔疏〕注外謂至竟也○釋曰諸侯之國皆以侵伐會盟見經操扈經既無文而疑是國者周有千八百諸侯今盟會侵伐見春秋者不過數十而已操扈傳若不發焉知非國也曲棘不釋者雙名也去國遠矣故不假釋鄬郚郚以三言爲名故傳釋之爲國也晉侯黑臀不書葬者舊解以爲篡立故也今案黑臀既書日卒未必篡立蓋魯不會故不書也○冬十月癸酉衛鄭卒○宋人圍滕○楚子伐鄭○晉郤缺帥師救鄭○郤去逆反缺傾雪反○陳殺其大夫泄治○泄息列反治音也稱國以

殺其大夫殺無罪也泄冶之無罪如何陳靈公通于夏徵舒之家公孫寧儀行父亦通其家二人陳大夫○夏戶雅反或衣其衣或衷其襦衷者襦在衷也○衣其衣上於既反下如字襦而朱反在衷本又作裹音里以相戲於朝○朝直遙反泄冶聞之入諫曰使國人聞之則猶可使仁人聞之則不可君愧於泄冶不能用其言而殺之

十年春公如齊公至自齊齊人歸我濟西田公娶齊齊由以為兄弟反之齊由以婚族故還魯田爾雅釋親曰婦之黨為婚兄弟○娶十住反不言來公如齊受之也○夏四月丙辰日有食之○己巳齊侯元卒傳例曰言日不言朔食晦日則此丙

辰晦之日也已巳在晦日之下五月之上推尋義例當是閏月矣文六年傳曰閏月者附月之餘日言閏承前月而受其餘日故書閏月之日繫前月之下蓋史策常法文有定例閏有常體無嫌不明故不復每月發傳哀五年公羊傳曰閏月不書此何以書推此言之則春秋固有在閏月而不冠以閏者矣至於閏不告月猶朝于廟閏月葬齊景公不正其閏無以言其事故書見變禮○不復扶又反下注復同不冠工亂反猶朝直遥反見賢徧反

疏 不言至受之○釋曰決定十年齊人來歸鄆讙龜陰之田言來也○注閏有常體釋曰閏月所在無常而言有常體者閏是附月之餘文承前月是無體之常不謂所在有常

○齊崔氏出奔衛氏者舉族而出之之辭也何休曰氏者譏世卿也即稱氏爲舉族而出尹氏卒寧可復以爲舉族死乎鄭君釋之曰云舉族死是何妖問甚乎舉族而出之之辭者固譏世卿也崔杼以世卿專權齊人惡其族今出奔既不欲其身反又不欲國立其宗後故孔子順而書之曰崔氏出奔衛若其舉族盡去之爾○崔杼直吕反惡其烏路反

○公如齊五月公至自齊○癸巳陳夏徵舒弑其君平

國〇六月宋師伐滕月者蓋爲下齊惠公葬速起〇爲于僞反疏注月者至速起釋曰知非爲宋師伐滕歸父如齊宋師伐滕外事也歸父之聘輕也諸侯時葬正也月葬故也今上有齊逐崔氏之文又非五月而葬明書月者爲葬惠公也〇公孫歸父如齊葬齊惠公〇晉人宋人衛人曹人伐鄭〇秋天王使王季子來聘其曰王季王子也其曰子尊之也子者人之貴稱〇稱尺證反疏其曰至尊之也〇釋曰傳知稱子是尊之也者此言王季子即是大子之母弟子者人之貴稱故稱子爲尊之也叔服以庶子爲大夫故直稱字而不繫王也卒稱王子虎者卒當稱名故繫王言之聘問也〇公孫歸父帥師伐邾取繹〇繹音亦〇大水〇季孫行父如齊〇冬公孫歸父如齊〇齊侯使國佐來聘〇饑〇饑本或作飢居疑反〇楚子伐鄭

十有一年春王正月。○夏，楚子、陳侯、鄭伯盟于夷陵。夷陵，齊地。左氏作辰陵。○公孫歸父會齊人伐莒。○秋，晉侯會狄于欑函。欑函，狄地。○函音咸。不言及，外狄。所以異之於諸夏。○夏，戶雅反。疏「不言及外狄也」。○釋曰：哀十三年公會晉侯及吳子于黃池，注云「及者，書尊及卑也」。是言及所以外吳，何得此傳云不言及外狄者？黃池之會欲同吳子於諸侯，故直云及吳子，不云會吳。此不言及，是外狄，故云會狄，不云及狄，是不言及為外狄也。若不外，當云晉侯及狄會于欑函。然隱三年齊侯、鄭伯盟于石門，不言及，同吳於諸夏而云及吳子者，不可全同中國，故言及以別尊卑也。○冬十月，楚人殺陳夏徵舒。變楚子言人者，弑君之賊，若曰人人所得殺也。其月，謹之。疏「變楚至謹之」。○釋曰：經直言楚人，知是楚子者，下云楚子入陳，明知此為討賊，故變楚子言人也。其月謹之者，不能自討，藉楚之力，禍害必深，故書月為謹之。此入而殺也，其不言入何也？據入國乃得殺。外徵舒於陳也。其外徵舒於陳何也？據徵舒陳大夫不應外。明楚之討有罪也。雍曰：經若書楚子入陳殺夏徵舒者，則入者內不受，是無以表徵舒之悖逆，楚子之得正。○悖，補對反。

丁亥，楚子入陳。入者，內弗受也。日入，惡入者也。何用弗受也？不使夷狄爲中國也。楚子入陳納淫亂之人，執國威柄，制其君臣，傎倒上下，錯亂邪正，是以夷狄爲中國。○惡，烏路反。傎，丁田反，本又作顛。邪，似嗟反。

疏 日入惡入者也○釋曰：上文美楚子入，今又惡之者，前爲討徵舒，討得其罪，故變文以美之；今爲納二子，失其所，故日入以惡之。

納公孫寧、儀行父于陳。納者，內弗受也。輔人之不能民而討，猶可。雍曰：輔相鄰國有不能治民者而討其罪，人則可，而曰猶可者，明鄰國之君無輔相之道。○輔相，息亮反，下輔相同。

疏 納公至于陳○釋曰：糜信云二子不繫陳者，以其淫亂明絕之也。或當上有入陳之文，下云于陳，故省文耳，無義例。

入人之國，制人

之上下使不得其君臣之道不可二人與。皆淫當絶而楚强納之是制人之上下○强其丈反一音其良反

十有二年春葬陳靈公傳例曰失得不葬君弑賊不討不葬以罪下也日卒時葬正也靈公淫夏姬殺泄治臣子不能討賊踰三年然後葬而日卒時葬何邪泰曰楚已討之矣臣子雖欲討之無所討也故君子即而恕之以申臣子之恩稱國以殺大夫則靈公之惡。不嫌不明書葬以表討賊不言靈公無罪也踰三年而後葬則國亂居可知矣非日月小有前却則書時不嫌○弑音試夏戶雅反

疏注傳例至不嫌○釋曰失得不葬昭十三年傳文君弑賊不討不書葬以罪下也隱十一年傳文日卒時葬正也襄七年傳文案徵舒之弑靈公在十一年五月至此纔二十一月而注云踰三年者諸侯五月而葬今踰五月至三年故曰踰也非日月小有前却者未五月謂之前過五月謂之却言葬有前却則書月以見危今三年始葬非是小有前却故書時不嫌也

○楚子圍鄭

○夏六月乙卯晉荀林父帥師及楚子戰于

邲 邲鄭地。邲皮必反 【疏】夏六月至于邲。○釋曰公羊傳稱荀林父稱名氏先楚子者惡林父也若然城濮之戰後子玉當是善子玉乎徐邈云先林父者内晉而外楚是也 晉師敗績 績功也 功事也日其事敗也○秋七月○冬十有二月戊寅楚子滅蕭○晉人宋人衞人曹人同盟于清丘 清丘衞地 【疏】日其事敗也。○釋曰舊解此戰事書日者爲敗之故也特於此發之者二國兵衆不同小國之戰故特發之徐邈云於此發傳者深閔中國大敗於彊楚也今以日爲語辭理足通也但舊解爲日月之日疑不敢質故皆存耳。○戊寅楚子滅蕭。○釋曰書日者徐邈云蕭君有賢德故書日也何休云責楚滅人國故書日若釋善而從則徐言與傳例合也○宋師伐陳○衞人救陳 【疏】衞人救陳。○釋曰不言善者衞宋同盟外楚今反救陳不足可善故傳不釋

十有三年春齊師伐莒○夏楚子伐宋○秋

螽○冬晉殺其大夫先穀。○穀戸木反一本作穀（疏）晉殺至先穀○釋曰此雖無傳於例爲殺無罪也

十有四年春衛殺其大夫孔達○夏五月壬申曹伯壽卒○晉侯伐鄭○秋九月楚子圍宋（疏）秋九至圍宋○釋曰徐邈云圍例時此圍久故書月以惡之也何休亦然范意或當不異也○葬曹文公○冬公孫歸父會齊侯于穀

十有五年春公孫歸父會楚子于宋○夏五月宋人及楚人平平者成也善其量力而反義也各自知力不能相制反共和之義（疏）平者成也○釋曰重發傳者嫌外内異也人者衆辭也平稱衆上下欲之也外平不道以吾

人之存焉道之也吾人謂大夫歸父○六月癸卯晉師滅赤狄潞氏以潞子嬰兒歸滅國有三術術猶道也○潞氏音路嬰一盈反中國謹日卑國月夷狄不日卑國謂附庸之屬襄六年傳曰中國日卑國月夷狄時此謂三術其曰潞子嬰兒賢也○

疏 滅國至賢也○釋曰中國日者謂衛滅許之類是也卑國月者謂無駭入極齊侯滅萊之類是也夷狄不日者楚滅江吴滅州來之類是也此不云夷狄時而云不日者方釋潞子嬰兒書日之意故不云夷狄時也夷狄不日宜從下爲文勢嬰兒爲賢書日復稱名者書日以表其賢書名以見滅國所謂善惡兩舉也

○秦人伐晉○王札子殺召伯毛伯王札子者當上之辭也殺召伯毛伯不言其何也解經不言殺其大夫○札側八反召上照反兩下相殺也兩下相殺不志乎春秋此其志

何也矯王命以殺之非忿怒相殺也故曰以王命殺也以王命殺謂言王札子殺召伯毛伯是知以王命而殺之○矯居表反以王命殺則何志焉爲天下主者天也繼天者君也君之所存者命也爲人臣而侵其君之命而用之是不臣也爲人君而失其命是不君也君不君臣不臣此天下所以傾也○秋螽○

○仲孫蔑會齊高固于無婁無婁杞邑。婁力侯反○初稅畝初者始也古者什一一夫一婦佃田百畝以共五口父母妻子也又受田十五°畝以爲公田公田在內私田在外此一夫一婦爲耕百一十畝○稅始鋭反賦也什一音十十稅一也佃音田又徒徧反共音恭藉而不稅藉此公田而收其入言不稅民疏藉而不稅○釋曰徐邈曰藉借也謂借民

力治公田不稅民之私也闕范之注以藉爲賦藉理亦通從徐之言義無妨也

初稅畝非正也古者三百步爲里名曰井田井田者九百畝公田居一出除公田八十畝餘八百二十畝故井田之法八家共一井八百畝餘二十畝家各二畝半爲廬舍○廬力魚反私田稼不善則非吏非責也吏田畯也言吏急民使不得營私田○畯音俊田大夫也公田稼不善則非民民勤私也初稅畝者非公之去公田而履畝十取一也以公之與民爲已悉矣悉謂盡其力○去如字又起呂反

疏 履畝十取一也○釋曰何休云宣公無恩信於民民不肯盡力治公田故公家履踐案行擇其善畝穀最好者稅取之故曰履畝徐邈以爲除去公田之外又稅私田之十一也傳稱以公之與民爲已悉矣則徐言是也

古者公田爲居共居八家井竈葱韭盡取焉損其廬舍家作一園以種五菜外種楸桑以備養生送死韭音九楸音秋

疏

注損其至送死○釋曰損爲減損也五菜者世所謂五辛之菜也何休又云古者井田之法一夫一婦受田百畝身與父母妻子五口以爲一戶公田十畝又廬舍二畝半凡爲田一頃一十二畝半也八家而有九頃故曰井田廬舍在内貴人也公田次之重公也私田在外賤私也若五口之外名曰餘夫餘夫率受田二十五畝半記異聞耳於范氏注亦無所取

○冬蝝生蝝非災也其曰蝝非稅畝之災也

凡春秋記災未有言生者蝝之言緣也緣宣公稅畝故生此災以責之非責也○蝝以全反劉歆云此蚍蜉子董仲舒云蝗子字林尹絹反

○饑

十有六年春王正月晉人滅赤狄甲氏及留吁

甲氏留吁赤狄別種晉既滅潞氏今又并盡其餘邑也滅夷狄時賢嬰兒故滅其餘邑猶月○吁許于反種章勇反并必政反

疏　甲氏至猶月○釋曰傳例滅夷狄時嬰兒以賢書月故知餘邑書月亦爲賢也甲氏留吁非國而云滅者甲氏留吁國之大邑而晉盡有之重其事故云滅若晉滅夏陽之類是也留吁言及者蓋小於甲氏也　○

夏，成周宣榭災。成周，東周，今之洛陽。宣榭，宣王之榭。爾雅曰：室有東西廂曰廟，無東西廂有室曰寢，無室曰榭。傳例曰：國曰災，邑曰火。○榭，音謝，本或作謝。災，左氏作火。【疏】成周宣榭災○釋曰：不言京師者，爾時成周非京師故也。公羊傳云：宣榭者何？宣宮之榭也。故范注亦以爲宣王之廟也。無室曰榭，爾雅正文，或以爲爾雅無此文，唯云：土高曰臺，有木謂之榭。臺上有木，即是屋也。楚語曰：榭不過講軍實，臨觀講武，必是歇前，故云無室曰榭。爾雅有之者，本或誤也。又引傳例曰云云者，昭九年傳文也。周災不志也。其曰宣榭，何也？以樂器之所藏目之也。移風易俗，莫善於樂，是故貴其器。【疏】周災不志也○釋曰：徐邈所據本云周災至注云重王室也。今遍檢范本，並有不字，則不得解與徐同也。○秋，郯伯姬來歸。爲夫家所遣。○冬，大有年。五穀大熟爲大有年。

十有七年，春，王正月，庚子，許男錫我卒。○錫，墨歷反○丁未蔡侯申卒○夏葬許昭公○葬蔡文公○六月癸卯朔日有食之○己未公會晉侯衛侯曹伯邾子同盟于斷道己未亦閏月之日斷道晉地○斷徒短反一音短〔疏〕注己未至晉地○釋曰十年夏四月丙辰日有食之己巳齊侯元卒范以爲丙辰晦之日也己巳在晦日之下五月之上當是閏月可知此文與彼正同明亦閏月之日也同者有同也同外楚也○秋公至自會○冬十有一月壬午公弟叔肸卒其曰公弟叔肸賢之也其賢之何也宣弑而非之也宣公殺子赤叔肸非責之○肸許乙反〔疏〕同外楚也○釋曰不於清丘發傳者清丘魯不會故重舉所以包之也非之則胡爲不去也曰兄弟也何去而之言無所至與之財則曰我足矣

宣公與之財物則言自足以距之織屨而食織屨賣以易食○屨九具反終身不食宣公之食右子以是爲通恩也以取貴乎春秋黍曰宣公弑逆故其祿不可受兄弟無絕道故雖非而不去論情可以明親親言義足以厲不軌書曰公弟不亦宜乎〔疏〕取貴乎春秋○釋曰衛侯之弟鱄去君傳云合於春秋此不去君傳亦取貴於春秋者易稱君子之道或出或處或默或語鱄以衛侯惡而難親恐罪及己故棄之而去使君無殺臣之惡兄無害弟之愆故得合於春秋此叔肹以君有大逆不可受其祿食又是孔懷之親不忍奮飛使君臣之節兩通兄弟之情俱暢故亦取貴於春秋叔肹書字鱄直稱名者叔肹內可以明親親外足以厲不軌比鱄也賢乎遠矣故貴之稱字鱄雖合於春秋無大善可應故直書名而已

十有八年春晉侯衛世子臧伐齊○臧子郎反○公伐杞○夏四月○秋七月邾人戕繒子于繒戕

猶殘也挩殺也挩謂捶打殘賊而殺地于繒惡其臣子不能距難○挩在良反殘也賊也猶殺也繒本或作鄫在陵反挩殺他活反又徒栝反捶打也字林云木杖或作撲普木反捶章蘂反朾音頂惡其烏路反難乃旦反〔疏〕注地于繒至距難○釋曰據楚子虔誘蔡侯般殺之于申不于國都也○甲戌楚子呂卒商臣子莊王○子呂左氏作旅夷狄不卒卒少進也卒而不日日少進也日而不言正不正簡之也中國君日卒正也不日不正也今進夷狄直舉其日而不論正之與不正〔疏〕夷狄至之也○釋曰夷狄不卒據自此以前吳楚君卒而不書日據襄十二年秋九月吳子乘卒言之也簡之也者中國卒則日不正乃不日夷狄進之則日不論正與不正故云簡之也○公孫歸父如晉○冬十月壬戌公薨于路寢正寢也○歸父還自晉還者事未畢也莊八年秋師還是也〔疏〕路寢正寢也○釋曰重發傳者莊據始故發之宣公簒弒有嫌成公承所

嫌之下故各發傳也○歸父還自晉○釋曰執則致歸父非執而書其還者爲出奔張本也直名不氏者凡致者由上致之故例。今不書歸父之氏明有致命之義也

自晉事畢也與人之子守其父之殯人之子謂歸父子也言成公與歸父父子共守宣公殯捐殯而奔其父之使者是以。奔父也捐棄也奔猶逐也言成公棄父之殯逐父之使使謂歸父也父命未反而已逐之是與親奔父無異○捐以全反

至檉遂奔齊遂繼事也杜預曰檉魯竟外故不言出○檉尹貞反左氏作笙竟音境

監本春秋穀梁注疏宣公卷第十二

清嘉慶二十年重栞
宋本[illegible]經[illegible]藏[illegible]校

新建縣知縣鄭祖琛
浮梁縣知縣劉　丙
同栞

穀梁注疏卷十二挍勘記　阮元撰盧宣旬摘録

宣公 余本分卷自此以下亦每公爲一卷與石經合明刻經傳本此爲第七卷單疏本同毛本同

元年

固是其理 閩監毛本同何校本理作禮

由上致之也 石經閩監本同毛本由作繇

稱國至罪也 閩監毛本同何校本上有傳字又此下疏三條此本并爲一條在注故不致下閩監毛本分屬三節此疏在傳放無罪也下離會故不致段在注故不致下内不至齊也段在注故書齊取下

注離會故不致不引傳例者 閩監毛本不引上增○及釋曰二字

傳内不至齊也昭二十五年 監毛本傳誤注閩本不誤又閩監毛本昭上增○及釋曰二字

公宣弑入　閩本同監毛本作宣公弑立釋文出宣弑

取雖是易　閩監毛本同何校本無是字

故言師　閩監毛本同宋余仁仲本師誤帥

二年

晉侯雖失衆　閩監毛本同何校本下空一字

皆生獲也　閩監毛本同余本無獲字

今兩書敗獲　閩監本同毛本兩作而

法峻整　閩監毛本同何校本上有嚴字

三年

止以病不知嘗藥　閩監毛本同何校本病上有父

吳敗六國亡之者閩監毛本亡作言何校本作云

而不急於軍事也閩本同是也儀禮經傳通解引亦作軍監毛本軍作使

理雖迂延何校本迂延作迂誕是也閩監毛本迂作遷

則引稷牲而卜之單疏本稷上有社字○按公羊傳引作扱無社字

其帝牲在于滌宮三月案公羊傳無其字宮字疏以意增也儀禮經傳通解引同

無災而已閩監毛本同單疏本災下有害字與公羊注合

嫌牛死與卜郊不從異也閩監毛本同單疏本與作于

五年

理亦逼爾閩監本同何校本爾作耳○按毛本理作禮非

會齊侯於陽穀閩本同監毛本於作于

故知云及爲非禮　閩本同監毛本云作去

故故書及爲非禮　閩監毛本故字不重案此本剜改下故當依何校本作知

六年

將尊師少直言將　閩監毛本同單疏本無直字○按無直字是也公羊隱五年傳言作稱

七年

來盟前定也　閩監毛本同石經余本盟下有者字

八年

仲遂卒于垂　石經閩監毛本作于此本誤子今訂正

即見罪惡之臣　閩監毛本同單疏本見下有是字

以譏乎宣也　閩監毛本同石經譏誤饑

壬午猶繹猶者可以已之辭也　石經同閩監毛本繹下衍萬入去籥四字釋文先之享後去籥亦其證

則天子以卿爲之　閩監毛本則作即非

卿大夫以下禮小　閩監本同毛本禮小作豊不誤

繹陳昨日禮也　閩監毛本同何校本日下有之字

明爲雨止　閩監毛本同何校本爲作是是也

若未及已丑之而遇雨　補閩監毛本之下有日字此本誤脫

日下昃乃克葬　閩監毛本同何校本昃作稷十行本此字剜改當是本作稷也○按注云稷昃也

九年

諱亟也　閩監本同毛本亟誤急

以根牟爲國名也　閩監毛本同單疏本無也字

毋爲發傳曰未踰竟也　補毛本日作曰

皆以侵伐會盟見經操扈經既無文　閩監毛本同單疏本上經字空缺無操扈經三字元刻注疏本同

楚子伐鄭　石經同閩監毛本子誤八

陳殺其大夫泄冶　閩監毛本同石經泄作洩下同釋文出泄冶

亦通其家　閩監毛本同石經余本通下有于字

十年

齊由以爲兄弟反之　石經閩監本同毛本由作繇反誤友

傳例曰　此注閩監毛本在日有食之下

十有一年

外狄　閩監毛本同石經余本下有也字

二八與昏淫　閩監毛本同余本與下有君字

十有二年

殺泄治　閩監毛本泄作洩

則靈公之惡　此下疏文閩監毛本作靈此本誤林何校本惡作罪

日其事敗也　此下疏文閩監毛本分屬兩節一在傳日其事敗也下一在楚子滅蕭下

理足通也　閩監毛本同單疏本理作亦

十有三年

晉殺其大夫先穀　閩監毛本同石經穀作穀宋本釋文出先穀云一本作穀兩者必有一誤通志堂本先穀一本作穀

十有五年

平者成也　閩監毛本同單疏本作夏五月宋人及楚人平

其曰潞子嬰兒賢也　石經閩監毛本同惠棟云曰當作日

謂衛滅許之類　單疏本元本同閩監毛本許作邢是也按僖廿五年衛侯燬滅邢

楚滅江吳滅滅州來之類　下滅衍字單疏本元本無下滅字閩監毛本江下衍黃字無下滅字○按黃字非衍文楚滅江見文四年滅黃見僖十四年皆不書日

又受田十五畝　閩監毛本同余本無五字是也莊廿八年疏引作又受田十畝

凡爲田一頃一十二畝半也　閩本同監毛本下一誤二與公羊注不合

十有六年

宣榭宣王之榭　何校本下榭字作謝

成周宣榭災　閩監毛本同單疏本榭作謝下同案此則單疏本所據經注必皆作謝與釋文或作本合

有木謂之榭　閩監毛本同何校本無之字

是故貴其器　閩監毛本同余本貴作善

十有七年

故重舉所以包之也　閩監毛本同單疏本無所字

終身不食宣公之食　石經閩本同監毛本身誤日

外足以厲不軌　閩監毛本同單疏本足作可

十有八年

邾人戕繒子于繒 石經閩本同監毛本上繒誤鄫釋文繒本或作鄫

挩殺也 石經閩監毛本同嚴杰云石經初刻挩作梲後改從手非也梲梲殺謂以杖殺之後漢書禰衡傳手持三尺梲杖是也

挩謂捶打殘賊而殺 錢大昕云晉唐人書木旁字多作手旁此必杖字之譌説文杖橦也杖與構椓連文知橦亦兼有橦擊義

正寢也 閩監毛本同石經余本上有路寢二字疏標起訖同

歸父還自晉還者事未畢也 石經閩監毛本晉下衍至檉遂奔齊五字案釋文至檉在捐殯之使下足證五字爲衍文

路寢正寢也 此下疏閩監毛本分屬二節一在傳正寢也下一在師還是也下

故例 閩監毛本同何校本下有名字

是以奔父也 閩監毛本同石經余本以作亦

穀梁注疏卷十二挍勘記終

寧都李楨校

監本春秋穀梁注疏成公卷第十三 起元年 終八年

范甯集解　楊士勛疏

成公（疏）魯世家成公名黑肱宣公之子以周定王十七年即位謚法安民立政曰成

元年春王正月公即位〇二月辛酉葬我君宣公〇無冰終時無冰則志此未終時而言無冰何也 言終寒時無冰當志之耳今方建丑之月是寒時未終（疏）無冰〇釋曰徐邈何休並云此年無冰者由季孫行父專政之所致也桓十四年亦無冰范云政治舒緩之所致必不得與二說同也又爾時季氏不專政亦無冰明徐何之言不可用

終無冰矣加之寒之辭也 周二月建丑之月夏之十二月也此月既是常寒之月於寒之中又如加甚常年過此無冰終無復冰矣〇夏之戶雅反復扶又反

（疏）終時至辭也〇釋曰終時無冰當志謂終寒時無冰當志之也此未終寒時謂今建丑之月是寒時未終而言

無冰何也謂怪其書之意也終無冰矣謂過此時無冰則終無冰也加之寒之辭也謂於此月書者以此月是常寒之月加甚之辭故糜信徐邈亦云十二月最是寒盛之時故特於此月書之是也餘無冰不發特於此月發之者襄二十八年書春無冰則是一時無冰書時則是終寒時故不傳此在二月葬宣公之下三月作丘甲之上是未終時故特發之桓十四年無冰在正月之下者舊解正月自爲公會鄭伯不爲無冰也或當月却而節前則周之正月亦是常寒之月○注周二至冰矣○釋曰天有四時冬寒夏暑是冬爲常寒之月於寒之中又加甚謂建丑是夏之十二月於寒之中又加甚於餘月雖未終時亦得於此月書之

○三月作丘甲周禮九夫爲井四井爲邑四邑爲丘丘十六井甲鎧也○鎧開代反疏三月作丘甲○釋曰何休云月者重錄之徐邈云甲有伎巧非凡民能作而强使作之故書月以譏之范雖無注或書月亦是譏公羊說作丘甲亦與此傳同唯左氏傳以爲譏重斂

作爲也丘爲甲也使一上之民皆作甲疏作爲也○釋曰後重發傳者文同事異不可以一例該之故也范別例云作例有六宣云作者三云新作亦三也云作三者謂作丘甲一也作三軍二也作僖公主三也云新作三

者謂新作南門一也新延廐二也新作雉門及兩觀三也言作者不必有新。則兼作也三者皆所以爲譏故傳曰作爲也是有加其度也言新有故是也丘甲國之事也丘作甲非正也丘作甲之爲非正何也古者立國家百官具農工皆有職以事上古者有四民有士民學習道藝者。

疏有士民○釋曰何休云德能居位曰士范云學習道藝者是以爲之四民若以居位則不得爲之民故云學習道藝也

有商民通四方之貨者有農民播殖耕稼者有工民巧心勞手以成器物者夫甲非人人之所能爲也○各有業也夫音符丘作甲非正也○夏臧孫許及晉侯盟于赤棘赤棘晉地

疏夏臧至赤棘○釋曰盟不日者何休云謀結鞌之戰不相負所以不日者執在三年非此所得保也案隱元年昧之盟爲七年伐邾尚猶去日何爲二年即執反云非此所得保乎蓋謀爲鞌戰歸我汶陽之田至八年渝前約故

略之也○秋王師敗績于貿戎貿戎地○貿音茂左氏作茅戎（疏）秋王至貿戎○釋曰左氏以爲戎敗之公羊與此亦同爲晉敗之今經不云晉敗之者欲見王者無敵故也不書月者何休云深正之使若不戰范雖不解蓋不言晉敗及戰故亦略其日月不言戰莫之敢敵也爲尊者諱敵不諱敗諱敵使莫二也不諱敗容有過否○爲于僞反爲親者諱敗不諱敵諱敗惜其毀折也不諱敵諸侯有列國尊尊親親之義也尊則無敵親則保全尊謂王親謂魯然則孰敗之晉也○冬十月季孫行父禿晉郤克眇衛孫良夫跛曹公子手僂同時而聘於齊齊使禿者御禿者使眇者御眇者使跛者御跛者使僂者御僂者御音迓迓迎也○禿他不反眇亡小反跛波可反僂於矩反一音刀圭反（疏）郤克眇○釋曰左氏以爲

跛今云眇者公羊無說未知二傳孰是范明年注云郤克跛者意從左氏故也或以爲誤跛當作眇**蕭同姪子處臺上而笑之**蕭國也同姓也姪子字也其母更嫁齊惠公生頃公宣十二年楚人滅蕭故隨其母在齊○姪子大節反又丈乙反頃公音傾**聞於客客不說而去相與立胥閭而語移日不解**胥閭門名○說音悅胥閭思徐反下力居反解古買反又音蟹〔疏〕注胥閭門名○釋曰即周禮二十五家也**齊人有知之者曰齊之患必自此始矣**穀梁子作傳皆釋經以言義未有無其文而橫發傳者甯疑經冬十月下云季孫行父如齊脫此六字○橫華孟反又如字脫此徒活反又他活反〔疏〕注脫此六字釋曰季孫行父禿是傳辭上脫季孫行父如齊六字

二年春齊侯伐我北鄙○夏四月丙戌衛孫良夫帥師及齊師戰于新築衛師敗績○新築衛地築音竹

○六月癸酉，季孫行父、臧孫許、叔孫僑如、公孫嬰齊帥師會晉郤克、衛孫良夫、曹公子手及齊侯戰于鞌，齊師敗績。鞌，齊地。○僑本又作喬，其僑反。公子手，左氏作首。鞌音安。〔疏〕癸酉季孫至敗績○釋曰：徐邈云：四大夫不舉重者，惡魯猥遣四大夫用兵，亦以譏之也。然則諸國用兵亦應猥遣，何以不具書之？蓋是用兵重事，故詳內也。其日，或曰日其戰也，或曰日其悉也。悉謂魯四大夫皆悉在戰也。明二者皆當日。〔疏〕其日至悉也○釋曰：案傳例，疑戰不日，不疑戰則例書日。此傳云"日其戰"、"日其悉也"者，豈使詐戰則魯雖四大夫戰亦不得書？但傳以此戰不許書事宜詳，故因經書日幷見此意也。曹無大夫，其曰公子，何也？以吾之四大夫在焉，舉其貴者也。不欲令內衆大夫與外卑者共行戰。○令，力呈反。〔疏〕曹無大夫○釋曰：復發傳者，前爲崇饜，今爲戰，故重發之。公羊以爲公子手何以書？憂內也。杜解左氏以爲備於禮並非穀梁意○秋七月齊侯使國佐如師己酉及國佐盟于爰婁袁去國五百里爰婁去國五十里國齊國也〔疏〕爰婁至十里○釋曰爰婁去齊五十里今在師之外明晉師已逼到其國師謂晉師也齊爲晉所敗兵臨城下然則敗軍之將不可以語勇驚弦之鳥不可以應弓所以更能五戰者齊是大國邑竟既寬收拾餘燼足當諸國之師故請以五也壹戰緜地五百里焚雍門之茨雍門齊城門茨蓋也○雍於用反之茨在私反侵車東至海侵車侵伐之車言時侵齊過乃至海君子聞之曰夫甚甚之辭焉鄭嗣曰君子聞戰于鞌乃盟于爰婁焚雍門之茨侵車至海言因齊之敗逼之甚○夫甚音符齊有以取之也齊之有以取之何也敗衛師于新築侵我北鄙敖郤獻子謂笑其跛○謂笑其跛布可反案杜預注左傳云郤克跛此傳言郤克眇范注當依傳而作跛恐非齊

有以取之也爰婁在師之外言師已逼其國郤克曰反魯衛之侵地以紀侯之甗來甗玉甑。齊滅紀故得其寶。○甗魚輦反，又音言，又音彥，玉甑也。以蕭同姪子之母爲質齊侯與姪子同母異父昆弟，不欲斥言齊侯之母，故言蕭同姪子之母也。兼忿姪子笑。○爲質音致，下同。使耕者皆東其畝欲以利其戎車於驅侵易。○侵易以豉反，下伐易同。然後與子盟國佐曰反魯衛之侵地以紀侯之甗來則諾以蕭同姪子之母爲質則是齊侯之母也齊侯之母猶晉君之母也晉君之母猶齊侯之母也言尊同也。使耕者盡東其畝則是終土齊也凱曰：利其戎車侵伐易，則是以齊爲土。不可不可謂若不許已言。請壹戰壹戰不克請再再不

克請三三不克請四四不克請五五不克舉
國而授於是而與之盟○八月壬午宋公鮑
卒○庚寅衛侯速卒○取汶陽田○汶音問○冬楚
師鄭師侵衛○十有一月公會楚公子嬰齊
于蜀蜀某地楚無大夫其曰公子何也嬰齊亢
也泰曰莊二十二年丙申及齊高傒盟文二年乙巳及晉
處父盟傳曰不言○高傒處父亢禮敵公書公則內恥也嬰齊初
明亢何乎蓋言高傒處父亢也此傳會嬰齊書公以
雖驕慢終自降替故于會則書公以顯嬰齊之驕亢于盟則
稱人以表嬰齊之服罪然則向之驕亢足以表其無禮不足
以病公則書公可也○向之本又作鄉亦作向同許亮反下
文同【疏】楚無至亢也○釋曰楚無大夫重發之者屈完當齊
桓名氏始見非正例也椒與宜申二者不見名氏非
大夫之例今稱公子是貴於同大夫之文故重發之嬰齊之
亢又重發者高傒則沒公存氏處父無氏稱名嬰齊則前驕

後讓三者皆異故各發之○丙申，公及楚人、秦人、宋人、陳人、衛人、鄭人、齊人、曹人、邾人、薛人、繒人盟于蜀。楚其稱人，何也？怪楚向稱公子，今稱人。齊在鄭下，蓋時王所黜。疏注齊在至所黜○釋曰：知時王黜者，以秦、宋、陳、衛以下皆稱人，稱人則非卿，以其諸侯之大夫俱是微者，必不能自有升降，故知時王所黜。齊以傲敵之故，師敗於䇲，兵臨城下，微弱之極，天子因其勢，故退之鄭下，此乃一時之宜，非是常例也。知諸侯之大夫是微人者，傳直怪嬰齊稱人，不論諸侯大夫，明知並是微者。於是而後公得其所也。會與盟同月，則地會不地盟；不同月，則地會地盟。此其地會地盟，何也？以公得其所，申其事也。公得其所，謂楚稱人。申其事，謂地會地盟。○會與盟同月絕句，不同月絕句，則地會地盟絕句。疏會與至事也○釋曰：同月則地會不地盟者，僖二十八年踐土之盟、襄十六年溴梁之盟是也。不同月則地會盟者，昭十三年平丘之盟

定四年皐鼬之盟是也今之屈向之驕也

三年春王正月公會晉侯宋公衛侯曹伯伐鄭宋衛未葬而自同於正君故書公侯以譏之疏注宋衛至譏之○釋曰范意雖葬未踰年亦不得成君雖踰年而未葬亦不得成君故云宋衛未葬書公侯以譏之踰年未葬不得成君此注是也雖葬未踰年不得成君即四年鄭伯伐許注云喪未踰年自同於正君亦譏之是也○辛亥葬衛穆公○二月公至自伐鄭○甲子新宮災三日哭新宮者禰宮也謂宣公廟也三年喪畢宣公神主新入廟故謂之新宮○禰乃禮反疏甲子新宮災○釋曰何休云此象宣公篡位當誅絶不宜列之昭穆成公結怨強齊不得久承宗廟之象也范以天災難知非人所及故不言之三日哭哀也其哀禮也宮廟親之神靈所憑居而遇災故以哀哭爲禮○馮居皮冰反迫近不敢稱謚恭也迫近言親禰也桓僖遠祖則稱謚疏

注迫近至稱謚○釋曰范不據丹桓宮者傳云迫近不敢稱謚言近則宜對遠故據桓僖言之其丹桓宮以莊公娶父之讎女故特言桓宮以譏莊之不子也其辭恭且哀以成公爲無譏矣○乙亥葬宋文公○夏公如晉○鄭公子去疾帥師伐許。去起呂反疏其辭至譏矣○釋曰不稱謚明其恭三日哭著其哀是成公爲無譏矣○公至自晉○秋叔孫僑如帥師圍棘○大雩○晉郤克衛孫良夫伐廧咎如。咎音羔疏叔孫至圍棘○釋曰公羊左氏皆以棘爲汶陽之田邑此傳無說事或然也○冬十有一月晉侯使荀庚來聘○衛侯使孫良夫來聘○丙午及荀庚盟○丁未及孫良夫盟其日公也來聘而求盟不言及者以國與之也不言其人亦以國與之也徐邈曰不言及謂凡書來盟者是也若宣七年衛孫良夫來盟是也以國與之謂舉國爲主故直書外來爾此先聘而後盟故不言來盟捴言及而不復著其人亦是舉國之辭○復扶又反

疏其日至與之也○釋曰案傳例前定之盟不日後定之盟則日此云公也者其實盟雖公在位但爲前定則不日後定則日此其日公故也則後定亦可知矣但以上文聘既接公下文及則公文未顯嫌不得再煩尊者恐盟時無公故傳云公以釋之傳又云不言及者則宣七年衛孫良夫來盟是也不言其人者解此文不書内之名氏是也又云不言求兩欲之也者言求當直言求盟如孫良夫是也不言求者此云來聘又云及盟是也何者來聘是他求言及我欲也是兩國同欲之文非獨求之稱故云不言求兩欲之也若然上文云來聘而求盟者解二人本意。來聘只爲求盟爲下不言求張本也

不言求兩欲之也○鄭伐許鄭從楚而伐衛之喪又叛諸侯之盟故狄之

疏注鄭從至狄之○釋曰知伐衛之喪又叛諸侯之盟故狄之者昭十二年晉伐鮮虞傳曰不正其與夷狄交伐中國故狄稱之也定四年傳云吳不稱子反其狄道也鄭衛同姓不有弔臨之恩而伐其喪其爲惡行莫

斯之甚而亦直舉國稱之明爲夷狄之行也叛諸侯之盟者舊解以爲上文背晉爲諸侯所伐是也又其言伐喪者前年衛侯速卒楚師鄭師侵衛是也不於伐喪貶者其罪不積不足以成惡鄭既伐喪背盟一年之中再加兵於許故於此夷狄之

四年春宋公使華元來聘○三月壬申鄭伯堅卒○杞伯來朝○朝直遥反○夏四月甲寅臧孫許卒○公如晉○葬鄭襄公○秋公至自晉○冬城鄆○鄆音運○鄭伯伐許喪未踰年自同於正君亦譏之疏注喪未至可知譏之○釋曰傳於宋襄起喪稱之例則諸侯亦同之可知故上下經文宋衛陳皆有子稱鄭是伯爵與侯同於七命明在喪之稱或亦與侯同也左氏之例唯云公侯曰子伯則不入於例與此異也

五年春王正月杞叔姬來歸婦人之義嫁曰歸反曰來歸○仲孫蔑如宋○夏叔孫僑如

會晉荀首于穀穀齊地疏婦人至來歸○釋曰范氏云出女例凡三齊人來歸子叔姬一也郯伯姬來歸二也此杞叔姬來歸三也又別引文十八年夫人姜氏歸於齊爲例者出既是同但内外爲異故并引之也子叔姬淫而得罪爲齊所逐故言齊人來歸今杞叔姬文既與之異故並發傳舉其上下郯伯姬亦足以相包故不更發之○梁山崩梁山晉之望也不言晉者名山大澤不以封也許慎曰山者陽位君之象也象君權壞疏注梁山至望也○釋曰詩云奕奕梁山是韓國之鎮霍陽韓魏晉之地故云晉之望也不日何也據僖十四年秋八月辛卯沙鹿崩書日高者有崩道也有崩道則何以書也曰梁山崩壅遏河三日不流晉君召伯尊而問焉伯尊來遇輦者輦者不辟使車右下而鞭之凡車將在左御在中有力之人在右所以備非常○壅於勇反遏於葛反伯尊左氏作伯宗辟音避將子匠反輦者曰所以鞭我者其取

道遠矣所用鞭我之間行道則可遠伯尊下車而問焉以其言有理知非凡人曰子有聞乎對曰梁山崩壅遏河三日不流伯尊曰君爲此召我也爲之奈何輦者曰天有山天崩之天有河天壅之雖召伯尊如之何伯尊由忠問焉用忠誠之心問之○爲此于僞反○輦者曰君親素縞帥羣臣而哭之既而祠焉斯流矣素衣縞冠凶服也所以凶服者山川國之鎮也山崩川塞示哀窮○縞古老反疏注素衣至哀窮○釋曰禮云素縞者鄭玄云黑經白緯謂之縞縞冠素紕以紕喪冠故謂之素縞是祥祭之冠也今注云素衣縞冠與鄭異也伯尊至君問之曰梁山崩壅遏河三日不流爲之奈何伯尊曰君親素縞帥羣臣而哭之既

而祠焉斯流矣孔子聞之曰伯尊其無績乎攘善也績功也攘盜也取輦者之言而行之非已之功也績或作續謂無繼嗣○攘如羊反疏注謂無繼嗣○釋曰舊說云伯尊晉之賢大夫輦人晉之隱士今一遇吐誠理難再得伯尊不能薦之於晉侯以救朝廷之急反竊其語而晦其人蔽賢罪深故被戮絶嗣子夏雖匿聖人之論能播教於西河令黑水之人欽其風蒲坂之間愛其道其罪先輕故直喪明而已然此之立說恐非其理何者天道冥昧非人所知大聖立言意在軌世則伯尊之戮未必由蔽賢人之言卜商喪明豈關匿聖人之論徒爭罪之輕重妄說受罪淺深據理言之恐非聖賢之旨何休以爲梁山崩壅河三日不流象諸侯失勢王道絶故自是之後六十年之中弑君十四亡國三十二案此傳說輦者之言竟不論天子諸侯喪亡之事則何休之言未必通於此也○秋大水○冬十一月己酉天王崩定王○十有二月己丑公會晉侯齊侯宋公衛侯鄭伯曹伯邾子杞伯同盟于蟲牢蟲牢

鄭地○蟲直忠反牢力刀反

六年春王正月公至自會○二月辛巳立武宮

舊說曰武公之宮廟毀已久矣故傳曰不宜立也禮記明堂位曰魯公之廟文世室也武公之廟武世室也言世室則不毀也則義與此違

疏 春王至自會○釋曰何休云月者魯使大夫獲齊侯今親相見危之故書月也傳例致月則危此書月必是危但不知同何說以否或當時有危傳不言之故范亦不解或亦爲此年公遠會始至立武宮取鄟皆是危事故致會書月也○立武宮○釋曰禮記稱世室此傳云不宜立者禮記周末之書以其廟不毀故謂之世室此以武公之廟毀來已久今復立之故云不宜立范義與此違也何休解公羊以爲臧孫許伐齊有功故立武宮左氏以爲季文子以鞌之功立武宮據人雖別同是伐齊穀梁之意亦以勝齊立武宮也

立者不宜立也

○取鄟鄟國也

○鄟音專又市轉反國名

疏 取鄟○釋曰隱十年鄭伯伐取之直注云凡書取國皆滅也變滅言取明其易今不言滅鄟是明魯取之易也又惡鄟不備也凡書取之例以內外皆有外書取者

即徐人取舒是也内書取者即取鄟是也其内𧙍取邑亦爲取齊侯取鄆是也公羊以爲鄟是邾之邑與穀梁異○衞孫良夫帥師侵宋○夏六月邾子來朝朝直遥反○公孫嬰齊如晉○壬申鄭伯費卒費音祕疏鄭伯費卒○釋曰案世本及左氏鄭伯費是鄭悼公不書葬者何休云楚伐鄭喪諸侯不能救晉欒書又侵之故去葬使若非伐喪者爲中國諱也在隱三年注魯不往○秋仲孫會則經亦不書則悼公不書葬者魯不會也蔑叔孫僑如帥師侵宋○楚公子嬰齊帥師伐鄭○冬季孫行父如晉○晉欒書帥師救鄭

七年春王正月鼷鼠食郊牛角不言免牛者以方改卜郊吉否未可知○鼷音奚疏注不言至可知○釋曰下傳稱免牲不曰吉否方九反不郊免牛亦然此言免牛則嫌似不郊故

云不言免牛者以方改卜郊未可知也 **不言日急辭也** 辭中促急不容日 〔疏〕不言至辭也○釋曰宣三年郊牛之口傷彼言之是緩辭亦不云日此傳云不言日急辭也者案宣三年傳言之是牛自傷之緩此言其是鼠食牛之緩二者立文雖異俱是緩辭則辭間容日亦是緩辭傳云不言日急辭也此已發例則定十五年哀元年之類不言日者並是急辭也緩辭不言日者言之既是緩辭可知故不須更書日以見緩也 **過有司也郊牛日展觓角而知傷展道盡矣其所以備災之道不盡也** 有司展察牛而即知傷是展察之道盡不能防災禦患致使牛傷故不書日以顯有司之過觓球球然角貌○觓角其樛反一音求角貌或本作觩非禦魚呂反球音求 〔疏〕郊牛至盡也○釋曰展省察也言日日皆省察牛之觓角而則知傷是省察之道盡矣展道雖盡不能防災禦患致使牛傷是其所以備災之道不盡是故不言日以責有司也牛角云觩者詩稱兕觥其觩又曰有觩其角是也 **改卜牛鼷鼠又食其角又有繼之辭也** 前已食故曰繼 **其緩辭也**

曰亡乎人矣非人之所能也所以免有司之過也至此復食乃知國無賢君天災之爾非有司之過也故言其以赦之○能如字亦作耐復食扶又反下同

疏其緩至過也○釋曰解經上文云鼷鼠食郊牛角不言其此文云又食其角乃變言其故釋之云其緩辭也曰亡乎人矣亡無也至此郊牛復食乃知國無賢君非人所不能也謂國無賢君之故爲上天之所災非人力所能禁所以免有司之過也謂經言其者所以赦有司也

乃免牛乃者亡乎人之辭也免牲者爲之緇衣纁裳有司玄端奉送至于南郊免牛亦然免牲不曰不郊免牛亦然郊者用牲今言免牲則不郊顯矣若言免牛亦不郊而經復書不郊者蓋爲三望起爾言時既不郊而猶三望明失禮○緇側其反纁許云反爲于僞反

疏乃者至亦然○釋曰重發傳者此再食乃免牛嫌與他例別故重發之○注蓋爲至起爾○釋曰僖三十一年夏四月四卜郊不從乃免牲猶三望彼不云不郊此既云免牛又云不郊者彼免牲與三

望同時故略去不郊之文此春免牛夏乃三望故備言之○吳伐郯郯音談○夏五月曹伯來朝○不郊猶三望○秋楚公子嬰齊帥師伐鄭○公會晉侯齊侯宋公衛侯曹伯莒子邾子杞伯救鄭八月戊辰同盟于馬陵馬陵衛地公至自會○吳入州來州來楚地○冬大雩

雩不月而時非之也冬無爲雩也

疏雩不至雩也○釋曰傳例云月雩正也時雩非正也非正者其時未窮人力未盡毛澤已竭不雩則不及事故月以明之則經書秋八月雩九月雩是也既過此節秋不書旱則冬無爲雩也故鄭釋廢疾去冬及春夏案春秋說考異郵三時唯有禱禮無雩祭之事唯四月龍星見始有常雩耳故因載其禱請山川辭云方今天旱野無生稼寡人當死百姓何依不敢煩民請命願撫萬民以身塞無狀是鄭意亦以不須雩唯有禱請而已○衛孫林父出奔晉○

八年春晉侯使韓穿來言汶陽之田歸之于齊晉爲盟主齊還事晉故使魯還二年齊所反之田○穿音川（疏）注晉爲至之田○釋曰公羊以爲齊侯敗案之後七年不飲酒不食肉晉侯高其德遂反其所取侵地此雖無傳齊頃是中平之主安能以一敗之後七年不飲酒食肉乎故以爲晉爲盟主齊還事晉故使魯還二年齊所反之田杜預解亦以此意亦然于齊緩辭也不使盡我也若曰爲之請歸不使晉制命于我○爲于僞反（疏）于齊緩辭也○釋曰傳二十八年晉人執衛侯歸之于京師傳以言之爲緩辭也今言歸之于齊爲緩辭者之緩辭自是常例於齊之理未明故特釋之辭雖不同亦是緩也此以緩辭言之者諱不使制命於我也○晉欒書帥師侵蔡○公孫嬰齊如莒○宋公使華元來聘○夏宋公使公孫壽來納幣婚禮不稱主人宋公無主婚者自命之故稱使納幣不書書者賢伯姬故盡其事（疏）注婚禮至其事○釋曰公羊以爲婚禮不稱主人宋公無主婚者辭窮自命之故公

孫壽來納幣稱使紀侯有母履綸受紀侯之母命婦人之命不通故不稱使案隱二年傳云其不言使何也逆之道微無足道焉爾據彼傳文以逆者微無足道焉爾故不言使則與公羊異觀此注意云宋公無主婚者自命之故稱使明爲母命之則不稱使似與公羊同而與傳違者范以紀侯之與宋公皆是無母宜並稱主人但納幣是卿之事故稱宋公使也逆女是君之事使大夫非正故履綸不稱使今此注云婚禮不稱主人亦據諸侯母在者言之又且履綸不稱使大率言之亦是不稱主人之事故注言之耳納幣不書其經之所書者三莊公以非禮書一也公子遂以喪録二也此爲賢伯姬三也范知爲賢伯姬者公羊傳云納幣不書此何以書録伯姬也是爲賢而録也

○晉殺其大夫趙同趙括○秋七月天子使召伯來錫公命

禮有受命無來錫命錫命非正也曰天子何也

曰見一稱也天王天子王者之通稱自此以上未有言天子者今言天子是更見一稱○召上昭反曰見賢徧反注更見同一稱尺證反以上時掌反

疏曰見一稱也○釋曰王既是四大之重宜表異號莫若繫

天以衆人卑故稱母子貴者取貴稱故謂之天子入春秋以來唯取仁義之稱未表繫天子之尊故曰更見一稱也公羊傳云其稱天子何元年春王正月正也其餘皆通矣何休云德合於元者稱皇德合於天者稱帝仁義合者稱王又云王者取天下歸往也天子者爵稱也聖人受命皆天所生故謂之天子或言天王或言天子皆相通也唯賈逵云畿内稱王諸夏稱天王夷狄稱天子其理非也

○冬十月癸卯杞叔姬卒杜預曰前五年來歸者女既適人雖見出棄猶以成人之禮書之終爲杞伯所葬故稱杞叔姬

○晉侯使士燮來聘○燮素協反

○叔孫僑如會晉士燮齊人邾人伐郯

○衛人來媵杜預曰古者諸侯娶嫡夫人及左右媵各有姪娣皆同姓之國國三人凡九女所以廣繼嗣魯將嫁伯姬于宋故衛來媵○媵以證反又繩證反嫡丁歷反姪大結反娣音弟

疏 衛人來媵○釋曰公羊以爲媵不合書其書者賢伯姬也左氏雖無其説蓋以來至於魯然後與嫡行故書之此傳之意以伯姬爲災而死閔之故書其事是言三傳意小異也

媵淺事也不志此其志何

也以伯姬之不得其所故盡其事也不得其所謂災死也江熙曰共公之葬由伯姬則共公是失德者也傷伯姬賢而嫁不得其所○共音恭下同

【疏】注江熙至其所○釋曰江熙以不得其所爲共公失德文無所據范引之者傳異聞也

監本附音春秋穀梁注疏卷第十三

新建縣知縣鄭祖琛

浮梁縣知縣劉丙　同栞

穀梁注疏卷十三挍勘記

阮元撰盧宣旬摘録

終八年　閩監毛本終作盡

成公　余本卷第八單疏本同

元年

又如加甚　閩監毛本同余本無如字案疏兩引皆無如字余本是也

最是寒盛之時　閩監毛本同何校本是作爲

襄三十八年　閩監毛本三作二是

故不傳　閩監毛本同何校本不下有發字

後重發傳者　閩監毛本同單疏本無重字

則兼作也　閩監毛本同單疏本上有言新二字〻〻有者是

播殖耕稼者　閩監本同毛本殖作植

棐隱元年眛之盟　閩監毛本同浦鏜云眛誤昧

晉郤克眇衛孫良夫跛　釋云左氏以爲跛今云眇者公羊無穀梁傳知古本穀梁作晉郤克跛故范注二年傳云謂笑其跛也

二年

前爲崇羈今爲戰　閩監毛本同單疏本羈作霸誤按莊廿六年傳云爲曹羈崇也疏云論崇曹羈之事也

壹戰緜地五百里　石經同閩監毛本壹作一

謂笑其跛　閩監毛本同釋文出謂笑其蹝跛五字案陸氏云杜預注左傳云郤克跛此傳言郤克眇范注當依傳而作跛恐非玩此則釋文本元無蹝字蹝跛字皆从足形相涉而誤衍蹝字也

請壹戰壹戰不克請再 石經同閩監毛本壹作一

傳曰不言高傒處父亢也 閩監毛本同案莊二十二年文二年傳並云不言公此注言下當有公字今本脫也何校本有公字

然則向之驕 閩監毛本同釋文出鄉之云本又作鄉亦作向

是貴於同大夫之文 閩監毛本同何校本同作稱

繒人 石經閩本同監毛本繒誤繪

不同月則地會盟者 案盟上當有地字單疏本及南監本亦誤脫

三年

故云宋衛未葬 閩監毛本同何校本故作此

此象宣公篡位 按公羊注位作立

不宜列之昭穆　公羊注無之字

不得久承宗廟之象也　公羊注象作應

以譏莊之不子也　閩監毛本同單疏本子作孝

其辭至譏矣　閩監毛本作其辭恭且至爲無譏矣又此疏閩監毛本在傳爲無譏矣下何校本上有傳字

叔孫至圍棘　閩本同監毛本此疏在圍棘下

但爲前定則不日　閩監毛本同單疏本爲作是

解二人本意來聘　閩監毛本同何校本人下有或字

五年

背晉爲諸侯所伐　監毛本同閩本背作皆何校本、作叛

孀人至來歸　此節上有傳字閩監毛本在傳反曰來歸下何校本

纚冠素紕以純喪冠　閩監毛本純作紕誤

其罪先輕　閩監毛本先作既

六年

春王至自會　此節閩監毛本分屬兩節一在注下一在公至自會

魯使大夫獲齊侯　閩監毛本注作擾此同單疏本獲作擾○按公羊注作獲

或亦爲此年公遂會始至　閩監毛本同單疏本以是爲毛本亦作以

以其廟不毁　閩監毛本同單疏本毁作毁

以內外皆有　閩監毛本同單疏本以作有何云以字衍

七年

以方改卜郊 十行本方下空一格閩監毛本不空單疏本改作正○按注作改字

不言日急辭也 閩監毛本此上衍改卜牛鼷鼠又食其角乃免牛十二字石經與此不誤

郊牛日展斛角而知傷 監本同石經閩毛本斛作觓是也釋文出觓角云其樛反一音求本或作筋非

所以放有司也 閩本放作赦是也監毛本作救

八年

亦是緩也 閩監本同毛本亦誤女單疏本無是字

辭窮自命之 閩本同監毛本窮作容

逆之道微 閩本同監毛本道作者○按隱二年傳作道

或言天王 閩毛本同監本王誤主○按依公羊注或字上有或言王三字此不當刪

盇以來至於魯然後與嫡行閩本同監毛本嫡誤俱何校本至作致

穀梁注疏卷十三校勘記終

寧都李楨校

傳古樓景印